朝日新書
Asahi Shinsho 645

核と戦争のリスク

北朝鮮・アメリカ・日本・中国　動乱の世界情勢を読む

薮中三十二
佐藤　優

朝日新聞出版

はじめに――日米一体路線への不安

藪中三十二

今日、北朝鮮の核・ミサイル問題は、トランプ政権の発足とあいまって、東アジア、いや世界が直面する最大の安全保障上の危機である。「リトル・ロケットマン」「老いぼれ」と罵《ののし》り合い、「お前の国を殲滅《せんめつ》するぞ」といった言葉が飛び交うさまは、ゲーム感覚で展開する三流映画を見るような感じがするが、危機は確実にわれわれ日本人の眼前に迫っている。

そうしたなか、日本の対応はといえば、徹底したトランプとの一体化路線であり、「アメリカと共にある」「北朝鮮には日米協力して圧力を」が合言葉となっている。そして対話を模索する文在寅《ムンジェイン》韓国大統領とは際立った印象を与えている。

この安倍晋三首相の「トランプの懐へ入り込む」大作戦は一定の成果を収め、対外的に日米同盟関係の強固さを印象づけ、日本国内でも安倍首相の北朝鮮問題への取り組み姿勢が国民に安堵感を与えているように見られる。

しかし、問題はこれからである。

北朝鮮の核・ミサイル危機の時計の針は刻々と進んでおり、無知と誤算から大破局となる危険と隣り合わせである。そして私などは主役の金正恩《キムジョンウン》とトランプ双方に尋常でない危険な匂いを嗅《か》いでしまい、余計に不安な気持ちとなる。

ワシントンにいるトランプ大統領はロシア疑惑などで孤立感と怒りにさいなまれ、まともに北朝鮮戦略を議論する雰囲気にはない。ワシントンでは、だれもが怖がってしまい、短気な大統領にじっくりと北朝鮮問題を話す人がいない。

とりわけ心配なのは外交政策を組み立てる重責を担っているはずの国務省がまったくの機能不全に陥っていることである。国務長官は大統領の信頼がなく、国務省は空っぽで、北朝鮮問題の主管局長ともいうべき東アジア担当国務次官補も空席のままである。

こんなありさまで、世界の安全保障にとって最大の危機、北朝鮮の核・ミサイル危機に立ち向かうわけで、本当に大丈夫なのだろうかとますます心配になる。そうした折にトランプ大統領が2017年11月、12日間におよぶ東アジア訪問の旅に出た。私は、この東アジア訪問が北朝鮮戦略を練る上で極めて重要な機会だと思った。ワシントンでまともにトランプが話し合う相手がいない。しかし、否が応でも外国に行けば相手方の首脳と会い、話をせざるを得ない。ここがチャンスだ、そして私はトランプに影響力のある人間として、安倍晋三首相と習近平国家主席が決定的に大事な二人だと考えた。

安倍・トランプ関係は安倍首相が腐心した甲斐あって「オレ、オマエ」の親友のように見えた。親友が遠方からやってきて、2日間も共にするのだから、大いに話し合い、北朝鮮問題について安倍さんの豊富な経験と識見を発揮し、トランプさんを「教育」し、これからの対北朝鮮大戦略を協議するまたとない機会だと期待した。

その結果はどうだったのか、ゴルフ対談で緊密な日米関係を世界にアピールはできたが、肝心の北朝鮮問題でのやりとりの内容はどうだったか、きっと濃密な話し合いがなされたのだと期待するが、外からは窺えなかった。

一方の中国、習近平国家主席は28兆円の商談でトランプを歓待し、北朝鮮問題ではこれまでの国連安保理制裁の実施ぶりを売り込み、トランプさんに平和的解決を促したようである。中国訪問の期間中、トランプ大統領は8回も米中関係についてツイートし、習近平夫妻は素晴らしいと繰り返し、北朝鮮問題でも「進展があった」とつぶやいていた。ここから見えてくるのは、習近平国家主席のトランプ大統領への影響力が相当に大きいという姿であった。

日本は、これまでの日米一体路線で大丈夫なのかどうか、もっと独自の考え方を鮮明にしておかないと肝心な時に相談もされないのではないか、そうした不安を抱かざるを得ない。

ちょうど北朝鮮問題という危機に日本が直面している時に、佐藤優さんとの対談が企画された。佐藤さんとは外務省時代はあまり接点がなかったが、近年の著作活動には目を見張るものがあり、また、今は京都のライバル大学、立命館大学と同志社大学で教えているという共通項もあって、今回、このような形で新書が出版される運びとなった。

佐藤さんの驚愕するほどの博識と洞察力に刺激を受け、私自身も普段よりずっと踏み込んだ形で発言することとなった。その結果が読者の皆様にも「動乱の世界情勢を読む」上で参考となることを願っている。

2017年11月14日

核と戦争のリスク

北朝鮮・アメリカ・日本・中国　動乱の世界情勢を読む

目次

第4章　小泉訪朝と6者協議——あのとき何が起きていたのか

第8章 二つの顔を使い分けるしたたかさ

写真提供　朝日新聞社
図版製作　谷口正孝

第1章

北朝鮮とアメリカ
今そこにある戦争の危機

日米「べったり」がはらむリスクとは？

同じスクール同士のつき合い

薮中　佐藤さんとこうやって話をするのは、ほとんど初めてですね。

佐藤　そうですよね。薮中次官と私とでは、役所のランクで〝天と地〟ほどの差がありますからね。いまだに次官と呼んでしまいます（笑）。外務省時代もお目にかかるのは、私がときどきモスクワから帰ってきたとき、報告に上がるぐらいのものでした。

薮中　そうそう、僕も4年間ほどシカゴ総領事で日本を離れていたときがありましたから、タイミングがずれるときも結構ありましたね。

佐藤　同じスクール（外務省入省後、選択した研修言語ごとの区分け）の中のつき合いが中心になっちゃいますからね。

薮中　ソ連にはどれぐらい行ってたんですか。
佐藤　7年8カ月です。
薮中　それは長いですな。ロシアン・スクールっていうのは、それ以外のスクールの人たちからすると、「君たちはロシアのことは分からないだろう」という感じですから、なかなか中のことは分からないですね。
佐藤　確かにそういう文化があります。ところで今も、シカゴには行かれますか？
薮中　いやあ、3年ぐらい前に一度行きましたね。
佐藤　私もモスクワなんて15年行ってないですからね。要するに、昔やった「悪事」の数々があって、もはや外交特権がないですからね。
薮中　行ったら、危ない？（笑）
佐藤　私のことを大っ嫌いなロシア人もたくさんいますからね。特にFSB（連邦保安庁）、つまり、カウンターインテリジェンスの連中は、私のことを心の底から嫌っていますから。
薮中　そうですか（笑）。私は2017年9月にワシントンで開かれたフォーラムに行ってきました。北朝鮮の核問題を議論する日本・アメリカ・中国・韓国・ロシア・北朝鮮の「6者協議」（2003年〜）の日本代表を務めた私と、アメリカ代表だったクリストファー・ヒル大使がメインスピーカーとして呼ばれ、北朝鮮をどう考えるかを議論するものでした。会場が超満員になるぐらいの熱気で、やはり今、北朝鮮情勢をめぐる問題はアメリカでも大いに注目されていることを実感しました。

僕としては、北朝鮮問題で日本のプレゼンス（存在感）をワシントンの人たちに印象づけなくてはいけないという強い使命感をもってスピーチしてきました。

佐藤　聴衆に強い印象を与えたと思います。

薮中　アメリカではトランプさんが大統領に当選して、安倍晋三首相と最初にトランプタワーで面会した瞬間から、日本はもちろんホワイトハウスが驚くほど二人が意気投合して、一緒にゴルフをし、大変仲良くなった。それ自体はいいことですよ。日米首脳が緊密に連絡を取り合える間柄になれたことはいいことです。けれども個人的な仲の良さと、国の進む方向が一致しているかというのは、まったく別の話ですからね。

今は、日米が一緒になって歩調を合わせているし、その姿は一般的に見れば、「おお、日米同盟うまくやってるな」と好意的に映るかもしれません。けれども、「日米は何があっても100％行動を共にする」とトランプに思わせたとしたら、今後きわめて怖いことが起きる恐れがあると私は見ています。

薮中三十二　やぶなか・みとじ

1948年、大阪府生まれ。元外務事務次官、立命館大学特別招聘教授。大阪大学法学部中退。69年、外務省入省。73年、コーネル大学卒業。北米局第二課長、ジュネーブ国際機関日本政府代表部公使、在シカゴ日本国総領事、アジア大洋州局長、外務審議官（経済・政治担当）、外務事務次官などを歴任。2010年退官後、外務省顧問、大阪大学特任教授、グローバル人材を育成するための私塾「薮中塾グローバル寺子屋」主宰など多方面で活躍。著書に『国家の命運』（新潮新書）、『世界に負けない日本』『トランプ時代の日米新ルール』（共にPHP新書）など。　撮影／小山幸佑（朝日新聞出版写真部）

佐藤 優 さとう・まさる

1960年、東京都生まれ。作家、元外務省主任分析官、同志社大学神学部客員教授。同志社大学神学部卒業。同大大学院神学研究科修了。85年、外務省入省。在英日本国大使館、在ソ連邦日本国大使館などを経て、95年から外務省国際情報局分析第一課に勤務。北方領土交渉などで活躍。2002年、背任と偽計業務妨害容疑で逮捕。09年、最高裁上告棄却。13年、執行猶予期間を満了し、刑の言い渡しが効力を失う。著書に『創価学会と平和主義』『超したたか勉強術』『使える地政学』『悪の正体』(いずれも朝日新書)など多数。

Shinzo, Let's go together! の恐怖

藪中　というのは、就任から約1年が経ちますが、トランプという人は、ある日ガラッと局面を転換させたい人なんですね。ですから、このさき北朝鮮が核実験や弾道ミサイル発射といった挑発行為を繰り返すとき、二つのことが考えられるわけです。

一つはアメリカが軍事的な行動を起こすこと。もう一つは、電撃的に米朝首脳会談を開き、話し合いで解決をはかること、その両方がありえます。

軍事的解決ということになれば、日本はもう他人事じゃない。「さあ晋三、Let's go together!」「今まで一緒にやろうって言ってたよな」「韓国のやり方はどうも生ぬるいと、お互い意見は一致してたよな」というふうにトランプから迫られる可能性は高いわけです。

佐藤　その可能性が排除されないのがトランプの恐ろしいところです。

藪中　そうなったとき初めて日本として、「えっ？　うちはそんな準備はしてないし、軍事的な行動を一緒にやるつもりはありません」と表明した途端、一気にアメリカとの齟齬《そご》が顕在化してきます。そのとき日本はどうするのか。まずそれが一つある。

ゴルフ外交で蜜月をアピールする安倍首相とトランプ大統領。互いにサインした帽子を見せる＝2017年11月５日、埼玉県川越市の霞ヶ関カンツリー倶楽部、代表撮影

もう一つの外交的な解決にしても、日本とアメリカが完全に一致しているのであれば、「日本の立場はアメリカにまかせておけ」ということになりますから、日本の出る幕がなくなる。置いてきぼりをくう可能性がある。「日米はまあ、だいたい一緒」と認識されていることが、いざというとき、交渉の蚊帳《かや》の外に置かれる危険があるんですね。

英語で"take it for granted"という表現があります。当然視されるという意味ですが、まさに「お前、俺と協力するのは当たり前だよな」という流れになれば、トランプとしては金正恩《キムジョンウン》と一対一で交渉するか、あるいはそこに中国が入って二対一になるかもしれない。

いずれにしても日本の入る余地がなくなるわけで、これはきわめて危険なことです。

100万単位の死者が出るシミュレーション

佐藤　一部に軍事的解決ということで、アメリカが北朝鮮に先制攻撃を仕掛けるのではないかという憶測があります。トランプも金正恩も、「開戦前夜か」と思うほどに激しい非難の応酬を続けています。ただ、本当にアメリカが軍事攻撃を仕掛けるとなった場合、韓国にいる20万人近くのアメリカ人をまず退避させる必要があります。その人たちを帰国さ

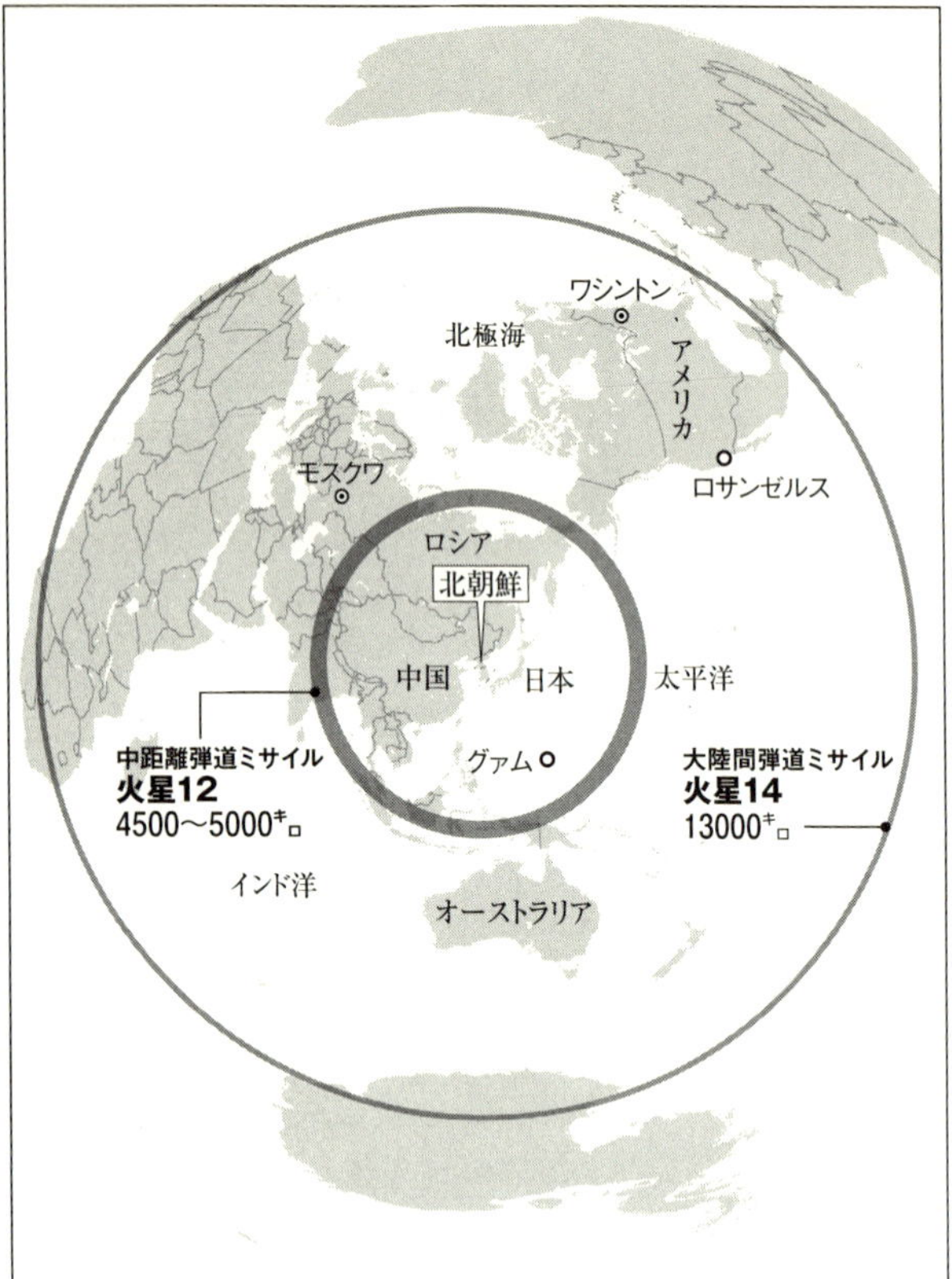

北朝鮮ミサイルの射程

韓国政府や専門家の
見解をもとに作成

せずにアメリカが先制攻撃するなんてまず無理です。

しかも彼らだって韓国人との家庭を持っていたり仕事関係があったりで、韓国に生活基盤があればそんな簡単には出ていけないですよ。仮に自己責任で韓国に残った人がいたとして、それで民間人が数百人単位で死亡した場合、今のアメリカの世論がそれを許さないし、トランプ政権はもたないと思うんですよ。

薮中　ええ。ところがトランプさんは、先制攻撃をやったら「向こうで数千人は死ぬかもしれない」と言ったと伝えられました。「アメリカには関係なくて、アジアの向こうで数千人の死者が出るだけだ」と言っているわけで、本当に無知は怖いですよ。

佐藤　それ、死者数にしてもケタが違いますよね。

薮中　10万人単位のアメリカ人がすぐ隣の韓国や日本にもいる、そして同盟国の日本や韓国の人がいる、そうしたことに思いが至らない。この話が本当なら、トランプの頭の中には北米大陸にいるアメリカ人しか見えてないわけですよ。しかも人数の規模感がまるで分かっていない。国防長官のマティスもその程度の被害じゃ済まないということは進言していますが、トランプの頭の中にそれがどこまで入っているか。

佐藤　外務省の最高幹部を務めた人に、北朝鮮から攻撃を受けた場合の被害のシミュレーションを聞いたところ、わずか2日間でソウルが陥落するという試算が出ていると言っていました。民間人を含め35万人ぐらいの死者が出ると見られているそうです。そのあとアメリカが北朝鮮全域を制圧するのに2カ月ぐらいかかり、この朝鮮半島有事によって出る死者数は、トータルで35万人の数倍になるということです。

藪中　つまりは100万単位にはなるって話ですよね。

佐藤　そうです。大東亜戦争、太平洋戦争、アジア太平洋戦争……いろいろな呼び方がありますが、さきの戦争で日本の軍人の死者が220万人、広島、長崎の原爆投下、沖縄の地上戦、東京大空襲など民間人を含めると合計で300万人ですよ。それに匹敵するような死者の出る可能性のある戦争が、今この東アジアで起きる。冷静に考えてみれば、それはきわめて高いハードルであることは自明だと思うんです。

日本で国連軍会議が開かれている?

佐藤　それともう一つ、外務省は重要な事柄をホームページの端っこのところに載せることがあります。今回との関連で言えば「朝鮮国連軍地位協定」というものがあるので、ぜひ見てもらいたいと思います。この協定について知っている人はきわめて少ないですよね。朝鮮国連軍というものが、１９５０年6月25日の朝鮮戦争勃発に伴い、国連安保理決議第83号及び84号にもとづいて創設されました。しかもその司令部が東京に設立されたんです。53年に休戦協定が成立し、57年に朝鮮国連軍司令部がソウルに移されるとその後方司令部が神奈川県のキャンプ座間に置かれ、２００７年に横田飛行場に移転しています。

本部が座間から横田に移っていますが、常識で考えれば国連軍の連絡将校会議が日本で行われていることは想像がつくし、国連軍の船が日本に入港することだってある。つまり、後方司令部がある以上、日本が北朝鮮の攻撃対象にならないわけがないんです。そういうことを考えた場合、軽々に「先制攻撃」であるとか「第二次朝鮮戦争」だなんて言い立てること自体が、まず無知と言えます。ましてや政治家が口走ってはあまりに無責任です。

藪中　今回僕が怖いと思っているのは、金正恩はともかく、トランプが発言の上で北朝鮮と同じレベルで挑発し合っていることです。僕らはまた勇ましいこと言って……なんてまともに受け取りませんけど、北朝鮮の人があれをどうとらえるかが重要なんです。

というのも、彼らは実に意外なところに反応するんです。金正日《キムジョンイル》の時代に僕はそれを知ったんですけど、あるとき北朝鮮の人が僕にこう言うわけですよ。「アメリカが自分たちを敵視しているから、自分たちは身を守るために核を持たざるを得ない」と。そのころ金正日のキーワードが「敵視政策」だったんですね。

当時のアメリカが北朝鮮をそれほど敵視しているとも思えず、そんな公式文書もなかったので不思議に思っていると、「アメリカ大統領がこんな発言をしている」と言うのです。よくよく聞いてみると、選挙期間中に地方で言った類のもので、選挙キャンペーン中には大雑把で勇ましいスローガンを使うじゃないですか。誰もあんなものを本気にしてないし、少なくとも僕らはそれがアメリカの政策になっていくものだなんて受け取りません。けれども北朝鮮の人たちはそれが本当にアメリカの方針になるものだと真剣に受け止めている。

佐藤　「蟹は甲羅に似せて穴を掘る」という故事がありますよね。人は己の分に応じた考えや行動をするという意味です。彼らにはそうしたところがあって自分たちの身幅で物を考えたんじゃないですかね。金日成《キムイルソン》までの時代だったら、まだ南（韓国）から来た人や日本から帰ってきた人など、さまざまな人が北朝鮮の中にいたわけです。ところが今や、ごく一部の上層部の人がヨーロッパに留学しているぐらいで、ほとんど西側世界について知らないと思います。自分たちが見聞きするものがすべてだと思っている可能性はあるかもしれない。

アメリカに日本はどう向き合うか?

アメリカでは「部族間対立」が起きている

薮中　一方のアメリカでも僕は衝撃的な言葉を聞いたんです。冒頭申し上げたワシントンでのフォーラムに行った時のことです。「今、アメリカは一体どうなっているんだ」と友人に聞いてみたのです。その人は民主党系の人たちだからある程度、割り引いて聞く必要はありますが、「アメリカは今、一言でいうなら、"tribal war"の状況にある、すなわち、部族間の対立の中にある」と言うのです。

佐藤　部族ですか(笑)。

薮中　ええ。部族と言えばふつう、言語も文化も異なる土壌を持つ人びとのことですよ。トランプを支持する人たちとそれ以外が対立している状況が今のアメリカであって、それはさながら部族間対立であると当のアメリカ人が言うわけです。無分別にツイッターに投稿したり、不都合なことはみんなフェイクニュースだと決めつけたり、「なんてひどい大統領だ」という目で世界からは見られていますよね。ところがアメリカでは部族間対立があり、「自分の親分の言っていることはなんでも正しい」となるわけです。

佐藤　そうすると、一種の任俠団体みたいな感じですね。親分さんが黒と言ったら、明日からは白いものも黒だ、と。

薮中　ええ、そういう感じで。だからアメリカ政治の伝統の中でも、上院議員については、党派による縛りなんてものはなかったんです。100人議員がいれば100通りの考えがあると。それが今は完全に党派縛りがかかっています。ですから党派を超えての議論がまるで行われていない。アメリカが強みとしてきた個人主義とか、本来の合理性といったものが、急速に失われつつあるという危惧が僕にはあります。

佐藤　アメリカの一般の民衆はどんな感じなんですか。ホワイトハウスの方で勝手に何かやっているという感じなんですか。それとも「トランプ頑張れ」という人も多いんですか。

薮中　トランプを大統領に押し上げた37%の人は、いまだに「トランプ頑張れ」です。メディアや世界から何を言われても「頑張れ」と。世界の流れから完全に置き去りになった人たちですからね。新聞もあまり読まず、FOXニューズが好きでテレビだけ見ている。トランプ自身もそうですよね。彼の支持母体の人はそういう人が多い。

僕らからすると、あれだけ偉大な国であるはずのアメリカで、大統領が差別主義的な事件に対して即座に非難しないなんて考えられないわけですよ（2017年8月12日、バージニア州シャーロッツビルで白人至上主義団体「クー・クラックス・クラン〔KKK〕など」とその反対派が衝突し1人が死亡した事件。トランプ大統領は当初、暴力を引き起こす双方が悪いと発言し、明快に白人至上主義者を非難せず、ひんしゅくをかった）。僕の知っているアメリカなら、すぐにそういう常識が働くだろうと思っていたけれども、今日それが働かないことを思い知らされました。

日米の立場は同じではない

薮中　トランプから気に入られているという点では、中国の習近平さんの評価がものすごく高い。2017年4月の米中首脳会談のとき二人で2日間にわたって7時間近く話して以来、えらく気に入ったそうです。北朝鮮への制裁をめぐって「中国人民銀行（中央銀行）が中国の銀行に北朝鮮取引の即時停止を命じた。よくやってくれている！」と言って習近平を高く評価している。今後、もし北朝鮮との話し合いになれば、米朝2国間協議か、あるいはそこに中国が入っての話し合いになる可能性がある。

佐藤　日米の置かれた立場は同じじゃないからこそ、困ったことが起きるんですよね。

藪中　そうです。アメリカからすれば、今の段階で北朝鮮の核・ミサイル開発を止めることができれば、大陸間弾道ミサイル（ＩＣＢＭ）はいまだアメリカ本土まで届かないから、直接的には攻撃されない。けれども日本は完全にその射程に入っているからおのずと立場は違うわけです。

アメリカの中では今、「北朝鮮に核廃絶を迫るのはとても無理で、開発をここで止めることができればいいし、それが現実的だろう」という声が多数出てきています。いわゆる限定的核容認論ですね。

でも容認されては日本は困るのです。だからこそ僕は、「日本はアメリカと必ずしも100％同じ立場というわけではない」ということをはっきりとアメリカや国際社会に言っておくべきだと思うのです。こういうときには、外交の実務をやっていた癖で、「日本は」「日本は」と言い続けて、日本の立場や考え方を声高に言わなきゃならんと血が騒ぐのかもしれません（笑）。

佐藤　具体的には、そのワシントンのフォーラムで、薮中次官はどんなことを言われたんですか。

薮中　僕はそこで「局面を打開する提案がある」と大上段に言ってみました。ああいう国際会議の場には手ぶらで行ってはいけないし、人と同じようなことを言っているだけではダメ。必ず新しい視点のもとで何かを提案しなきゃいけない。

そこで僕は、「日本、アメリカ、中国、ロシア、韓国の緊急5カ国外相会議を開くのがいいと思う」と提案しました。「北朝鮮を含めた6カ国協議という枠組みがあるのだから、まずは5カ国が集まって緊急に外相会議を開く。5カ国の立場が割れていたら交渉にもならないから、まずは一つにしなきゃいけない」と強調しました。この提案の狙いは三つです。

一つ目は世界に緊急性を訴えることです。今回の危機において、通常のやり方ではとても対応できない。今までの6カ国協議は次官級で行っていたけれど、今回は閣僚級でやる、それも緊急にやることで、政治的な重要性と緊急性を世界に、そして北朝鮮に印象付けるのです。

二つ目は、アメリカまかせではなく、日本が独自に中国に働きかけなきゃいけないということです。このままでは北朝鮮の核開発を止めることは困難になりますから、とにかく中国をもっと動かすべきなんです。石油禁輸をすれば北朝鮮が暴発するとか大量の難民が押し寄せると中国は言いますよね。

その危険はよく分かるけれども、しかしこのまま放っておけば、北朝鮮の実質的な核保有化は進み、今まで積み上げてきたNPT（核不拡散条約）体制が崩壊することになりかねない。何しろ韓国では今、60％以上の人が核を持とうと言っているし、日本だって唯一の戦争被爆国として非核化にコミットしてきたが、今後どうなるか分からない。そんなNPT体制が崩壊するようなことに、あなたは責任を持てるんですか、と中国に問いかけるのです。

そして三つ目の理由は、実は人の問題です。今、アメリカでは次官級といっても文字通り、誰もいないんですよ。これまでアメリカでは、政権が代わると4000人近くの人が交替し、重要なポストには国内の主要なシンクタンクに所属する研究者などから起用されてきたんですね。けれどもトランプ政権では高官の任用が進んでおらず、特に国務省はひどい状況です。本来、6者協議で代表となるべき東アジア担当国務次官補も空席です（第

8章参照)。だから国務長官のティラーソンを引っ張り出す。中国は6者協議の代表だった王毅《おうき》さんが今、外交部長だから話が早い。何よりも、北朝鮮の外務大臣はこれまでと違って、中身のある李容浩《リヨンホ》ですから、将来的に本格的な話し合いが期待できる。

日本としては、まず提案をすることが大事なんです。極端な話、具体的な意見や考え方は二の次で、まずはやりましょうという呼びかけを日本主導で行う。「ここに日本はいるぞ」と示すことが重要です。そうすると、「日本とアメリカとは立場が違うのか?」といった基本的なことから、「日本は本当に核保有化までいくのか」とかさまざまな質問が出てくる。やりとりが生まれれば関心が生まれるから、日本のプレゼンスは徐々に高まっていくのです。

佐藤 そのときの結果は、外務省に伝わっているわけですよね。

藪中 もちろん外務省には在米日本大使館からもその情報は行ってます。で、僕はヒルに言ったんですよ。「たぶんあなた、米政府から呼ばれるよ」と。つまり今言ったように、アメリカの中ではまともな外交のできる人がいないから、「特使か何かの形で6者協議の実質的な米側代表になるんじゃないか」と言ったら、彼、苦笑いして「いや、自分は実は、too soft(融和的)だと見られている」と言っていましたが、まんざらでもないような顔をしてました（笑）。

CIAと「ロケットマン」の真意

佐藤　アメリカと北朝鮮のインテリジェンス（情報）協力って、今どれぐらいできていますか。要するに、CIA（米中央情報局）ではどれぐらい北朝鮮の情報機関とのパイプを作ってますかね。

藪中　いや、やってないですね。

佐藤　全然できてないですか。

藪中　できてないですね。北朝鮮との関係で二、三の外交チャンネルはあるけど、佐藤さんが言うようなプロのインテリジェンス・チャンネルは、僕が知っている限りない。ですから、もし戦争なんてことが本当に起き得るのだとしたら、きっかけはやはり、「無知」と「行き違い」から起こるんですよね、子どものけんかみたいに。

佐藤　売り言葉に買い言葉型のけんかって案外怖いですからね。米朝間の売り言葉に買い言葉になっても、そこにインテリジェンス・チャンネルを通じて、「あれは国内向けの発言だ」とか「ああは言っても真意はこうなんだ」というフォローができていれば、表面的な言い合いとは裏腹に、中身はエスカレートしていかないものですけど、それがないと表面どおりになりかねないですよ。

薮中　そう。それが今、実際に起きています。まさに無知と誤解の二つが進行している。2017年9月に開かれた国連総会でトランプは演説しましたけど、あのとき、かなり激しいことを言っているんですね。「同盟国が脅かされたら北朝鮮を完全に壊滅させる」と。注意が必要なのは北朝鮮が同盟国を「攻撃したら」じゃないんですよ、「脅かしたら」なんですね。

こんな発言を受けて、北朝鮮の李容浩はニューヨークで「これは宣戦布告だ」と発言したわけです。北朝鮮に対してどんな発言をすると、北朝鮮がどう受け取るのかがトランプ政権側には分かっていないし、CIAから「発言の真意はこうだから、相手にはこう言った方がいい」といったアドバイスもないんですよね。

だからトランプは思いつくままに発言するし、北朝鮮の側でも「これは宣戦布告なのか」と受け止め、真意を読める人がいない。彼、金正恩のことを「ロケットマン」と言ったでしょう。

佐藤　はい。

薮中　トランプはその後、内々に言っているらしいんですけど、あれは褒めたつもりの言葉だと。金正恩が国内で絶対視される存在かどうかはともかく、北朝鮮が自分のリーダーを国連総会という公の場であんなふうに非難されたら、激しく反発するに決まっています。褒めたつもりが反発するから、今度は「リトル・ロケットマン」なんて言って「今度はけなしたんだ」と（笑）。まるで冗談みたいですよ。しかしまじめな話、こうしたやりとりを続けていると、無知と誤解から本当に誰も望んでいないような不測の事態、突発的、偶発的な戦争状態もあり得るかもしれない。その危機に僕らは今、直面していることは確かです。

佐藤　そのリスクが高いですよね。

国際情勢が緊迫する中、リーダーの役割は何か？

「扱い」をめぐる日本とドイツの差

薮中　そこで日本が、どこまでアメリカの相談相手になれるか、あるいはアドバイスを与えるような相手になれるかということですけど、これもさきほど言ったように「安倍・トランプ」関係をどう評価するかですね。「虎穴に入らずんば虎児を得ず」ということで、安倍さんはトランプの懐に入り込んだ。その作戦は、これまでのところ成功したと言えるでしょう。

外交的な実務の話をすれば、日米首脳会談の日程をセットすることは、簡単と思われるかもしれませんが、実は「オバマ・安倍」ではなかなか容易ではなかった。事務方がものすごく苦労した。それがトランプになったらいとも簡単にできる。それは安倍さんがトランプの懐へ入り込み、親分同士の仲が良いことをホワイトハウスのスタッフが知っているからです。日本から会談申し入れがあれば、「うちの大統領は絶対ＯＫする」と分かっているから簡単にセットできる。首脳会談が行われるということは対中国、対北朝鮮に対してのメッセージにもなりますからね。

トランプさんの扱いの違いで、一つ分かりやすいのがドイツとの差です。安倍さんとメルケルさん、あるいは日本とドイツの扱いの違いがはっきり出ています。トランプが問題にする貿易赤字や防衛費などでは、日本とドイツは同じような状況にあります。ところが、トランプはメルケルのことをひどく批判するけど、安倍さんには何も言わない。

ドイツの対米貿易黒字（アメリカからすると貿易赤字）が６００億ドルあるのに対して日本は対米貿易黒字が６８０億ドル、むしろドイツより多いですね。しかしドイツの貿易黒字は批判し、日本はあまり批判しない。それからドイツの防衛費はＧＤＰの１・２％であるのに対して日本は１％。ちゃんとした国防費を払っていないと非難するなら日本についても言えるわけです。しかし、ドイツに対してだけ、ＮＡＴＯ（北大西洋条約機構）の防衛について「もっと自分たちで防衛費を増やせ」とトランプは言うわけですよ。

この違いは、安倍さんが難しいことを言わないことが大きい。トランプさんは、自分に嫌なことを言わない人とは関係がいいんですね。自分にロイヤル（忠実）な人はオーケーで、自分を非難する人は嫌い。難民問題、気候変動問題でメルケルは「難民の受け入れも必要だし、気候変動のパリ合意は地球のため人類のために絶対必要だ」と言うわけですよ。これがトランプは嫌なんですね。安倍さんはそういうことは言わない。

佐藤　安倍さんとトランプは似ているわけですね。

薮中　そうかもしれません。ただ、日本にとって怖いのは、世界からどう見られているのかという問題です。本来、共通の価値観を持っているヨーロッパの国々から見ても、もっと言えばアメリカ国内の良識派から見ても、「トランプとべったりで、何にも言わないね、日本は」と思われる危険がある。お友達というより、忠実なお供だ、といった記事もありました。

佐藤　要するに、トランプと波長が合う人って言うと、ネタニヤフ、プーチン、安倍晋三、そういう感じになっていますね。

薮中　なるほど（笑）。それに習近平さんとも良いようですがね。

佐藤　そう。安倍さんがその中に入ると、あんまり世界のイメージとしてよくないですよね。

薮中　もう一つが、そもそもの話ですけども、本当の信頼関係がそこにあるのかどうか。いざとなったときに、日本のことをちゃんと理解して対応してくれるのか。日本が、「いや、それはできないんだ」と言ったときの反発を考えておかなきゃいけませんね。「ノー」と言った途端 “You are fired!” となる危険性も常にある人ですから。

佐藤　「お前はクビだ」となるわけですね。

薮中　そう、そういうことがこれまでにありましたからね。

首脳同士の「親密さ頼み」は危険

佐藤　私はロシアとの比較で分かるんですけど、日本の内政上のリスクは政局の動きが非常に激しいことです。安倍・トランプのように、日ロの場合、首脳間の個人的な関係に依拠することが多くありました。たとえば、橋本龍太郎さんとエリツィンさんの関係は非常に良かったから、我々、外務省のロシアン・スクールでは「つながった、つながった」とホッとしていたんです。あと森喜朗さんとプーチンさんとの関係も非常に良かった。けれどもそれ以外では関係が維持できなかったんですね。私自身の経験で強く感じたのは、政権交代が日本で起きた場合、そのあともうまくつながるかどうかは個人関係に依拠する。けれどもそういった首脳同士の親密さ頼みでは、国同士の関係は不安定になりますから、その下の組織的関係を固めとかないといけない。

さきほど薮中次官が言われたことに、一般読者に対して付言しますと、首脳会談をセットするというのは、実はきわめて難しいことです。首脳会談がどの頻度でどういうときに行われるかによって、その2国間関係が見えてくるわけです。

薮中　そうですね。

佐藤　例えば、日ロ関係がうまくいっているときは、お互いの国の首都で首脳会談が開かれます。どこかの国を訪問したついでという形ではないです。ところが例えば今のように、アメリカの大統領選干渉疑惑やシリアのアサド政権への支援、クリミア併合やウクライナ東部紛争への関与に対してロシア制裁をアメリカが強化している中では、同盟国日本の首都にいきなり来ることはできないから、山口県長門市に行った。安倍さんの故郷だなんて騒がれたけど、2016年12月の日ロ首脳会談にはそういう背景があったわけですね。

実は、1997年11月にクラスノヤルスクで橋本・エリツィン首脳会談をやったときも、モスクワや東京では開けなかった。だから結果を出すことよりも〝信頼をつくることができればいい〟という意味合いを持たせるために、我々は「信頼醸成サミット」と呼んでいたんです。信頼の度合いが高くなると日本の外務大臣がロシアへ行ったとき、大統領を表敬訪問することが可能になるんです。日本は比較的簡単に総理への表敬をさせちゃうんだけど、普通は違いますね。

ところが、ある程度関係が悪くなってきたときの一つのメルクマールは、外務大臣が訪問したとき大統領に会えなくなることです。今、そうなっています。

もう一つは時間です。例えば30分の会談は、半分ずつで実質15分。しかし通訳が入りますから片道7分半なんです。こんな短時間では大した話はできない。けれども国際会議のマルチの場で会うことができるかどうかは、世界に両国間の関係の親密度合いを示す点で意味があるわけですよ。それだから、外交の実務専門家やその経験のある人たちにとって、首脳会談がどこで行われて、どれくらいの頻度で、何分ぐらい行われているかは非常に関心のあるテーマなんですよね。

薮中　日本の内政が政局によってガラリと変わるというのは、本当に困ったこともあって、そのたびに「日本でまた何か起きるのかな」と見られるし、長期政権だからこそ外交的に安定するところがありますからね。僕の経験で言うと、次官を2年8カ月間務めたわけですけど、その間、4人の総理に仕えました（福田康夫氏、麻生太郎氏、鳩山由紀夫氏、菅直人氏）。

佐藤　そうですよね（笑）。

藪中　2人が自民党で、2人が民主党。これは国際的にはほとんど冗談みたいで、僕も「何も自慢できる話じゃなくて……」と言うんですけどね（笑）。首脳が短期間に次々変わると外交はうまくいかない。

例えば日本はASEAN（東南アジア諸国連合）との関係が大事だと思うじゃないですか。ところが、数年間にわたって日本の総理が一度もASEAN諸国を訪問していない。「行っている」と思われるかもしれないけれど、東アジア首脳会議のときなど年一回程度で、個別訪問ができていない。人間関係だって頻繁に顔と顔を合わせて「おう、元気か」とやることが必要なように、国と国の間でも「うちのところにちゃんと来てくれる」と思わせるのは案外大事なことなんですよ。一つ一つ国を訪れて、きちんとした首脳会談をすることが大事で、「問題がないから行かなくてもいい」というのは相手国からすると不満にも思うし、不安にもなります。その点で、中国はうまくやっていますよ。とにかく頻繁に行く。

佐藤　確かにそうですね。

藪中　ASEANから見ると、「やっぱり中国の方が俺たちを大事に思ってくれている」となるわけで、いくらASEAN諸国と日本の関係はいいと日本が思っていても、相手はそう受け取らないかもしれない。そういう意味では、安倍さんはASEANの国々すべてを個別訪問した。これは長期政権の外交上の大きなメリットですね。

佐藤　私もそう思います。外務省もうまく組み立てて、これまで回っていなかった所を丁寧にしかも早いうちに回りましたよね。

首脳の役割が高まる時代

藪中　その一方で、肝心な中国との関係がなかなか進んでいない。そういうなか、安倍さんが2017年9月28日に「日中国交正常化45周年・中華人民共和国成立68周年記念レセプション」に出席したことは、良かったと思います。どういう形であれ、中国への前向きなメッセージを出した。これからも日中両国は関係改善に向けて互いに努力すべきです。

佐藤　あれは外務省も出席するよう推したんですかね。

薮中　何より、総理自身の考えがあったのでしょう。背景には米中関係があります。トランプと習近平の4月の首脳会談では、二人だけで2日間に7時間話しましたし、米中関係は結構前に進みそうだ、という感じがある。その中で日本も外交の幅を広げなくてはいけない、という気になられたんじゃないですか。

佐藤　じゃあ、少しそこのところで面白くなってくるかもしれませんね。

薮中　首脳外交は今後ますます重要になってくると思いますし、首脳の役割が格段に高くなっていますよね。そういう中で誰と誰が会っているかというのは、大きなメッセージだし、今言われたように、2国間同士で行き来するかどうかが大事です。また、国連総会などマルチな場でも、時間的な制約からせいぜい5カ国ぐらいとしか会えないですから、誰と会うか、どの国と会うかという選択は、強いメッセージになるんですね。

佐藤　そう思います。

薮中　オバマ時代のアメリカでは難しかったけれども、トランプとの間ではその難しさはなく、いつでも会える。外交は、首脳会談をめがけて実務的に準備するわけです。それを一つの大きなモメンタム（契機）として使う。ですから、首脳会談はきわめて大事だということです。

第2章

日本の上空を北朝鮮のミサイルが飛んだ日

あの日、政府はなぜ浮足立ったのか？

国家存亡の危機？——日本政府の過剰反応

佐藤　北朝鮮の弾道ミサイル発射と核実験に世界が翻弄されているわけですが、とりわけ2017年8月29日早朝の日本政府の反応についてぜひ議論しておきたいんです。あの日、安倍首相も菅義偉官房長官も、怒髪天を衝くぐらいの勢いで早朝から会見を行い、ミサイル発射の約3時間半後にはトランプ大統領と緊急電話会談をして「ミサイル発射という暴挙はこれまでにない深刻かつ重大な脅威」とあたかも国家存亡の危機と言わんばかりの慌てようでした。過剰と言えるほどの反応です。

菅官房長官も次のように発言しています。

「今回発射された弾道ミサイルは、我が国の上空を通過したと見られ、我が国の安全保障にとってこれまでにない、深刻かつ重大な脅威であります。（中略）我が国としては、このように繰り返される北朝鮮の度を越した挑発行動を断じて容認できず、北朝鮮に対し、厳重に抗議を行い、最も強い表現で断固非難しました」（内閣官房長官記者会見「北朝鮮による弾道ミサイル発射事案について1」）

首相と官房長官がそろって、すわ戦争かという反応を示した原因として、小野寺五典防衛相の記者団への説明があると私はにらんでいるんですよ。小野寺さんがあの朝、何といったか。注意してよく見ると、こう説明しているんです。

「日本の領空を約2分間飛翔したが、『我が国に飛来する恐れがない』と判断し、自衛隊法に基づくミサイル破壊措置は実施しなかった」（朝日新聞デジタル、2017年8月29日）

ここで明らかなように「日本の領空」という言葉が出てきます。領空には国家主権が及びますが、宇宙空間に国家主権は及びません。大気圏外が宇宙とされているので、国際法では、「地上○○キロメートル以上の上空を領空とする」という規定はありませんよね。一般的に、高度100キロメートルを超えるとほとんど大気がなくなるので宇宙とみなされます。国際法では、航空・船舶航行の安全のために、弾道ミサイルやロケットの打ち上げで公海を用いるときは、事前に公表し、危険海域を設定します。

今回、北朝鮮は予告なしに弾道ミサイルを打ち上げましたから国際ルール違反ですし、国連安保理決議にも反しています。ただし重要なのは、本当に「日本の領空を侵犯したのか」ということです。

このときのミサイルの最高高度は550キロメートルでしたから、それには当たらない。ところが、この点に対する政府の態度が曖昧なんですね。日本中が大変なパニックに覆われたあの朝、菅官房長官の発言を注意深く見るとあることが分かるんです。午前中に二度会見しています。

「本日5時58分頃、北朝鮮西岸より、1発の弾道ミサイルが北東方向に向けて発射されました。本弾道ミサイルは、6時6分頃、我が国の北海道襟裳《えりも》岬上空を通過し、6時12分頃、襟裳岬の東約1180キロメートルの太平洋上に落下したものと推定いたします」（内閣官房長官会見「北朝鮮による弾道ミサイル発射事案について1」）

「北朝鮮は、本日5時58分頃、北朝鮮の西岸付近から1発の弾道ミサイルを北東方向に発射した模様です。この弾道ミサイルは、北海道・渡島《おしま》半島及び襟裳岬上空を通過した後、本邦の東約1180キロメートルの太平洋上に落下したものと推定されます」（内閣官房長官会見「北朝鮮による弾道ミサイル発射事案について2」）

北朝鮮のミサイル発射を伝える街頭テレビ＝2017年９月15日、東京都千代田区、北村玲奈撮影

どちらの会見でもミサイルが「落下したものと推定」されると言ってますね。つまり、「落下したと確定」していないんですよ。私は日本のレーダー追尾能力がそんなに低いものとは思いません。もし空中で消えた場合には、最初から燃え尽きる実験だったんだ、と北朝鮮に強弁されたら危険水域を設定しなくても、それは一応の説明がついてしまう。

つまり諸々の情報から推測するに、防衛省の現場、つまり下士官クラスや将校あたりが国際法に関する知識も理解も曖昧で、領空と上空の区別が明確にはついていなかったんじゃないでしょうか。「あの朝、北朝鮮による領空侵犯が起きた」と本気で思った人も防衛省にいたんじゃないかと私は見ているんです。

薮中　いくらなんでも領空と上空の違いは分かっていたんじゃないですか。ミサイルはどの高度を飛んでいくのか、普通は相当高い高度だから宇宙空間だ、くらいの認識は防衛省にあるでしょう。

佐藤　そうだといいんですが。いずれにせよ、政治レベルで領空と宇宙空間の区別がきちんとついていたのかどうかは疑わしい。小野寺さんが「領空」に言及した新聞報道が私にはとても気になります。相当低いところを飛ばなければ、領空侵犯にはなりませんからね。事務方がそのあたりの事情をきちんと大臣に理解できるように説明していたのかどうか、不安が残ります。

薮中　しかしもし本当にそうした認識だったとすると、重大な問題ですね。

佐藤　そうなんです。政治家も記者も「上空」という言葉は用いても「領空」との区別がきちんとついているとは思えない。8月29日早朝のパニックを見て私はそう思いました。

そもそも日本の空には日常的にきわめて多くのロケットが飛んでいるのです。中国やロシアから太平洋に向けた人工衛星は、今この瞬間にも何百という数が日本の上を飛んでいます。北朝鮮の弾道ミサイルだって今年8月29日以前に4回も日本上空を飛んでいる。ミサイルとロケットの違いは爆弾を載せているかいないかの違いだけですが、日本の上空をロケットが飛ぶこと自体は国際法違反でもなんでもないことです。ただし、北朝鮮は国連安保理決議で禁止されているから違反だということです。

だれも国際法を知らなかった？

佐藤　読者のためにおさらいしておくと、領土に関していえば、その国の土地であり、1年でいちばん潮が引いて領土が増えたとき、その低潮線を基線といいますね。そこから12

海里（約22・2キロ）が領海。領海は基本的に陸地と同じだけど例外があって、それは無害通航権が船舶に認められていることです。無害とは、魚をとったり調査をしたりゴミを捨てたり、大砲を撃ったりしないことです。通航とは、停泊したり錨《いかり》を下ろしたりしないこと、こうした無害通航であれば、軍艦が通ることは認められています。

例えば銚子の沖合5キロを北朝鮮の駆逐艦が通ったとしても、それ自体は国際法違反にはならない。もっとも軍艦というのは外国の領海内に立ち入ったりはしません。大変な緊張をもたらすことが分かっているからです。ただ潜水艦だけは潜航したままでは無害通航権が行使できないので海上に浮上して所属国の旗を掲げることが条件となっています。

さきに見た領空とは、領土と領海の上の空域のことです。領空には無害通航権がないから民間飛行機が侵犯した場合は、ただちに強制着陸させる。軍用機あるいは国籍不明機で通信に応答しない場合、撃ち落としてよいことになっています。排他的な管轄権だから非常に強く働く。それだから領空侵犯は、きわめて戦争に発展しやすいわけです。

薮中　そのとおりですね。

佐藤　慣習国際法として、宇宙空間の使用は自由ですから、領空といっても、学説によっては依然として80キロから120キロぐらいの幅があります。

2001年から、それまで外務省が独自に行ってきたキャリアの外交官試験が廃止され、人事院が行う国家公務員試験の総合職に統合されました。しかも、国際法が選択問題になってしまったから、自発的に学んだ人以外、国際法を勉強しないまま外交官になるという事態がすでに起きているんです。国際法を学ばずにきた外交官が今、30代後半。まさに外務省の中堅を支えているわけですよね。

一時期、生物を学ばずにきた医学生というのが話題になりましたが、国際法を学ばずに外交官になるのも同等かそれ以上に危険です。もっともノンキャリアの専門職員試験は外務省が独自に実施していて、試験科目には今も国際法がありますから、下手をすると専門職の連中の方が国際法を知っているということになる。

防衛大臣が公に北朝鮮の弾道ミサイルが領空を飛翔したと言えば、メディアも含めてパニックになるのは当然です。本来ならそこで外務省が火消しをはかるべきなんですが、発表された情報のどこに注意を払ったらいいかが瞬時に分からないから、「大変なことが起きた」と初動のところで一緒になって大騒ぎしてしまい、官邸もメディアも浮足立ってしまった。小野寺大臣が仮に言い間違えたとしても、秘書官がすぐに訂正させなくてはならない。どう考えても、防衛省自体の基礎体力が弱くなっていると思うんですよ。

「戦闘行為」という言葉の意味

佐藤　今回の騒動を見ることで、私にはあの南スーダン国連平和維持活動（ＰＫＯ）で派遣された陸上自衛隊の部隊が作成した日報問題の実態がようやく分かった気がするんです。

というのは、２０１６年７月、南スーダンのジュバで大規模な戦闘行為があったことは国際的によく知られています。しかし、あのとき日報に「戦闘行為」と書かれたら、それは１９９２年に成立したＰＫＯ法に違反します。当時、日本政府は自衛隊が海外で武力行使することがないよう憲法９条に配慮する形で、「停戦合意」などの参加五原則を盛り込みました。

「戦闘」について「国や国に準ずる組織（国準）の間の争いの一環で人を殺傷または物を破壊する行為」と定義したのも、９条の枠内でという日本独自の考え方からですね。

２０１５年に成立した安全保障関連法にも「戦闘行為が行われている現場では実施しない」と明記されています。つまり「戦闘」があったと認定することは、派遣や撤収そのものにかかわる根本的かつ重大なことであると分かっていれば、そう簡単には書けない言葉だということは自明なはずです。
ところが現場が日報にそう書いてしまった。端的に言うと、現場の自衛官のレベルが低下している。「戦闘行為」という言葉の持つ意味や、PKO法ができる経緯を下士官クラスや将校がよく理解していなかったと思うんです。だからパチパチッと機関銃の音が聞こえたから「戦闘行為が起きた」と思ってそのまま書いた。それを上司もチェックできず、上に上がって大騒動になった——そういうことじゃないでしょうか。
だからこれ、防衛大臣や次官の責任という以前に、現場の力の弱体化ですよ。現場の人間が「戦闘行為」と書いてきてもその上が「発砲があった」と書き直して報告するでしょう。要するに基礎体力が弱っていて起きた騒動だったんじゃないかと思うんですよ。

薮中　うーん、なるほど。

佐藤　どうも最近その手のことが省庁をはじめ、行政組織で起きてる感じがするんですね。そんな日本の「基礎体力の低下」が、今回あらわになったんじゃないかと私は不安になるんです。杞憂に終わればいいですけどね。

薮中　そうしたことも含めて、僕らは今、日本の安全保障がこの七十数年間で大きく変質してきていることを真剣に考えなくてはいけない。安全保障上の危機が今、本当に起きている。

佐藤　それを聞いて思い出したんですけど、以前、私は国際法の教科書について調べたことがあるんです。薮中さんが受験されたころ、田畑茂二郎さんとか高野雄一さんの書いた国際法の教科書を使われていましたよね。

薮中　そうですね。

佐藤　あのころの教科書には、戦時国際法についてそれほど詳しく書かれていないんですよ。「平和に関する法」というものがトータルで二十分の一ぐらいしかなかったと思います。ところが、戦前の横田喜三郎さんの国際法の教科書を見ると、戦時国際法が半分ぐらいを占めています。それから、１９８０年代から90年代に使われていた山本草二さんの国際法の本を見ると、まさに四分の一ほどを割いて戦時国際法について解説しています。だから薮中次官や我々の時代というのは、もっとも戦時国際法のウェイトが低く、国際法の教科書もなかなか改訂されなかったこともあって、それより10年ぐらい前に外交官試験を準備した人と、10年後の我々とではそもそも国際法といっても、平和についての知識に濃淡があるんです。

薮中　なるほど。

本当の危機意識を持つとき

佐藤　もう一つ指摘しておきたいのは、北朝鮮がミサイルを撃ってくる狙いは、今回のような日本の心理的動揺のほかに、経済効果への影響も考えられます。私は、あのJアラート（全国瞬時警報システム）を鳴らしたことによって、例えば製造業でどれぐらいの工場が稼働停止により生産性に支障が出たか、鉄道が止まったことによる経済的損失がどれほどか、そうした損害の総計を見る必要があると思う。あるいは、教育への影響もあります。学校の授業がどれぐらい中断させられて授業が中止されたか。休校になったところもありますから、そうしたマイナス面の総合的評価について金額や時間をはじき出すことで定量化する作業も必要だと思うんです。

薮中　それはそうでしょうね。もっと別の言葉で言うと、今、時代が変わってきたと思うのですよ。僕らのころは「軍縮の時代」とよく言われたものです。「軍備は縮小していくものだ」という方向性が一つあったじゃないですか。

でも今はむしろ、「軍拡の時代」に入った。中国が軍事費を増大していることはよく知られていますが、トランプ政権も防衛費は大幅に増大すると言っている。ドイツも防衛費の増大を求められている。そして北朝鮮が核開発に血眼になっている。

だからいろいろなものが変わっていく。佐藤さんがおっしゃるように、領空、領海というものも、時代でその意味合いが変わってきたりするけれど、その一つ一つについてどれだけの知識を外交官が持って交渉にのぞんでいるか。あるいは、メディアが理解して報道しているか。

まさに今、国家の危機、国の安全保障の根幹に触れるような危機が直前に迫っているということに、どれだけ敏感でいられるか。そこは感性の問題です。日本人の基礎体力の低下とおっしゃったけれど、まさに変化に敏感な感性が必要です。

「なんとなく」ではなく、ハードエビデンスで分析する

制裁効果が表れている証拠はあるか?

薮中　2017年9月23日深夜、米軍が北朝鮮東方沖にB1戦略爆撃機を飛ばしました。それに対して北朝鮮はまったく対応措置が取れなかった。アメリカの戦略爆撃機が進入してきたこと自体に北朝鮮が気づかなかったのかどうか。

海の南北境界線である北方限界線（NLL）の北側まで米軍機が入り込んできたことは事実で、北の防衛体制が脆弱だという見方をする人がいます。一方で、北朝鮮は米軍機の飛行に気づいていながらあえて抵抗しなかったという見方もあります。

このどちらの見方に依って立つかによって、今後のシナリオが変わってくる。「北の防衛体制はもろい」と見て、あともうひと押しすれば北朝鮮も観念するかもしれないといっ

た見方もあるでしょう。その一方で、もう一度アメリカが何かすれば、今度こそ北朝鮮も対抗し、衝突が起きる可能性も排除し得ない。アメリカのステルス戦闘機の性能が非常に高いのは事実ですが、だからといって北朝鮮をなめてかかると大変なことになりかねない。

佐藤　そうですよね。このときの報道で非常に気になったのは、朝日新聞を含めて日本のメディアが、「制裁による北朝鮮の電力不足じゃないか」と推測にもとづいて結論づけたことです。でも、電力不足かどうかは、衛星で光度を測れるわけですから、制裁前と比べてどのぐらい光度が落ちているかは比較することができます。

技術的に計測可能なのに、そういうハードエビデンスもなしに、制裁効果が表れていると示そうとするあまり、単線的に防衛力の弱体化と結びつけようとすると、だんだん冷静な判断ができなくなる危険性があります。薮中さんが指摘されるように、これ以上対米関係をエスカレートさせないという北朝鮮からのメッセージかもしれないし、あるいは、陽動という可能性だってある。

しかもこれを、対外的に「制裁は効果が上がっている」と北朝鮮のネガティブ情報を流すためにあえて戦略的にやっているならまだしも、政策意思決定者が「制裁効果が出ていて、北はスクランブル（戦闘機の緊急発進）をかけられないほど国防力が弱体化してる」

と思いたいという、ある意味、無意識の願望からそういう判断をすると、大きな見立て違いになる可能性はあります。

北朝鮮が本当に破れかぶれになるとき

薮中　アメリカ、中国、北朝鮮との交渉を長くやってきた経験からいうと、北朝鮮という国は、軍事的にも外交的にも、ある程度のことを分かっているにもかかわらず、あえてそれに反するようなことを言ったりやったりするときがあるのです。6者協議のときにも面白いことを言っていました。「状況が決定的に悪くなって、天が落ちてきても、最後の一分が残っている」。そんなことを何度も言っていました。

彼ら自身も今、きわめて状況が悪いことは分かっている。アメリカが国際社会に制裁を呼び掛けて、本格的な制裁が始まった。北朝鮮に理解を示し続けてきた中国、ロシアも、北朝鮮からの石炭輸入を禁止し、石油輸出に上限を設ける経済制裁の安保理決議に同意した。もういよいよ追いつめられたから、最後の力をふりしぼってドーンとやり返すか？というと、まだ最後のところで、「慎重にやらなきゃいけない」というぎりぎりの計算をしている可能性がある。

そこのところをアメリカが読み違えて、「あいつら弱気になった」とか「もっと追い込んでやろう」とさらに一段階踏み込んでいくと、今度こそ本当に、北朝鮮が破れかぶれになる恐れがある。

お互いに、相手が何をどう考えて、今どんな状況にあるのか、さきほどインテリジェンス協力の話をされたけれども、そこを冷静に分析しないといけない。そして、その時々でリーダーにその分析結果や意見を適切に伝えなきゃいけないのだけれど、今、アメリカでその作業はなされていない。こういう点も非常に恐ろしいところです。

だから日本はもう少しインテリジェンス協力と北朝鮮についての知見を発揮し、「北朝鮮の動きはこういうサインで、ここまでやるとこうなる」といった類の分析をアメリカと共有し、今のアメリカに不足しているところを支えることも大事ですね。

佐藤　それはとても重要だと思います。

薮中　日本にはその点、情勢分析できる能力も人材もリソースがあるわけですからね。

佐藤　そういう協力体制は、今後の首脳会談レベルでも重要なテーマになるかもしれませんね。

第3章

北朝鮮の核容認論と日本の核武装論

アメリカの論調「核保有やむなし」への異論

恫喝外交がまかり通る危険

薮中　今回の北朝鮮の核ミサイル問題で、僕がいささか憤りを感じるのは、今、アメリカの専門家の中で主流になりつつある「北朝鮮に完全に核放棄させるのは無理だ」という議論です。ここ数カ月の間に、かなりの勢いでアメリカの安全保障専門家と言われる人たちの間で広がっています。オバマ政権で大統領補佐官（国家安全保障問題担当）だったスーザン・ライスも「冷戦期にソ連の核兵器に耐えたように、北朝鮮の核兵器にも耐えることができる」などと言い出していますが、僕はけしからんと思っています。

オバマ政権のもとで北朝鮮の核開発について手をこまねいて見ていた人間が、北朝鮮の核兵器とは共存できるというのはあまりに無責任で、おかしな話です。日本は、北朝鮮の核兵器保有は断じて容認できないという議論を強く打ち出し、今後ありうるかもしれない米朝の交渉についても、日本を無視してはいけないと思わせる布石を打っておく必要があります。

佐藤　それはすごくよく分かります。それをやらないと、今度は普遍的な価値観の問題にもなってくるんですよ。要するに恫喝《どうかつ》外交がまかり通るんだという先例になると、国際関係は本当におかしなことになってしまいます。

北朝鮮程度の能力を持っている独裁国家は、実は地球上にたくさんありますから、それを先例として、「あのやり方があるんだ」という形で踏襲された場合、アフリカでも中東でも中南米でも、どんなことが起きるか。これは恐ろしい話ですよ。例えばベネズエラが同じような発想を持ったらどうなるのか。

藪中　北朝鮮より遥かに資源も持っていますからね。

佐藤　ええ。あるいはコンゴ民主共和国あたりが、そういったことを始めた場合、彼らだって核兵器を購入することだってできるでしょう。自分たちの金《きん》なりダイヤモンドなりを売って購入することだってできる。恫喝外交を地球全域で始めることになったら、これは収拾がつかなくなる。だから我々は、軽々に、北朝鮮が核保有国になったことを前提にこれからの交渉や議論を進めてはいけないし、そこで諦めてはいけないと思います。

藪中　これはアメリカと交渉をした経験からですが、相当いろいろなボールを投げて、「自分はこの問題の当事者なのだ」と言い続けなくてはいけない。それをせずに「日米一緒に」とか、「日米歩調をそろえて」なんてやっていると、アメリカから見れば「ああ、俺たちのやることについてくるだろう」ということになるんですね。

自民党が封印したあの議論

藪中　そういう意味では2017年8月29日、弾道ミサイルが日本の上空を飛んで行ったという事実は、アメリカに対して「日本の安全が脅かされている、日本は当事者なのだ」と思わせる上で、非常に説得力がありました。アメリカでも相当ニュースになりましたからね。

ただ、現実問題としてそれが日本の安全保障にどれだけ関係があるかというとかなり怪しいと思います。前の章でも見たとおり、政府、官僚、政治家側が正しく事実を把握し、状況を認識した上で、適切な対応をとれていたかといえば、特にJアラート騒ぎで国民に対していたずらに不安をあおっただけではないかと疑問に思うところはあります。

佐藤　それに関連して思うのは、例えば自民党の元防衛大臣・石破茂さんが、「核を持ち込ませず」ということをただ堅持しているだけでいいのかという疑問を投げかけているのに、自民党が一向に議論しようとしないことです。これまで歴代内閣が守ってきた「持たず、つくらず、持ち込ませず」とする非核3原則の見直しを議論すべきだと石破さんがボールを投げているのに事実上、無視しています。もちろん核を持とう、つくろうといってるわけではなく、国民の反発は承知のうえで、抑止力の観点から政府としてどう責任を取るのか迫るものなんですが、自民党はすぐ封印しちゃったんですよね。

岸田文雄政調会長が「米国の核抑止力について議論するなら、非核3原則はしっかり維持したうえで考えていくべきだ。我が国は、米国の核抑止力について信頼を寄せている。現在の核抑止力に不備があるとは考えていない」と発言しています。

しかし冷静に考えてみると、トランプが北朝鮮と2国間交渉を始めた場合、残念ながら、北朝鮮の核廃絶で決着する可能性はきわめて低く、核保有容認で取引する可能性が高いわけです。それは藪中さんが冒頭紹介されたとおりです。

このことに絡んで、ある元外務省高官が「中ロを巻き込んで、核廃絶をさせるのが基本だ」と新聞のインタビューで答えていて、私はカチンときたんです。そうした言いようは、

15年前だったら意味のあるものだったかもしれないけれども、今はそんな状況ではないわけですよね。北朝鮮が望んでいるものを中国、ロシアは提供できないんですから、結局、アメリカがどういう形で交渉の場に出てくるかということが、この問題を解く大きなカギになるわけです。しかも核廃絶ということはきわめて困難である。そこを考えなければいけないと思うんです。

「北朝鮮のパキスタン化」の危機

佐藤　1970年に発効した核不拡散条約（NPT）では、アメリカ、ロシア、イギリス、フランス、中国の5カ国以外に核兵器の保有を認めていないですよね。けれども、NPTに批准していないインド、パキスタンも核を保有していることは国際社会の常識ですが、このとき、「北朝鮮のパキスタン化」になるリスクを我々はシミュレーションしなければいけない。というのも、インドの核とパキスタンの核は意味合いが違うと思うんですよ。インドの核に関しては、あくまでもパキスタン、および国境付近のカシミール地方、あるいは状況によっては中国の動きをにらんでいるかもしれない。つまりその核が拡散する可能性はまずないと見られています。

ところがパキスタンの核というのは、インドへの対抗という見方とは別に、イスラムの核という側面がある。つまり、開発にかかる莫大な費用がそもそもパキスタンでは賄えないから、サウジアラビアからの資金提供によって開発されたと見られます。

そうしたことから両国の間には、サウジと対立するイランが核開発を進めたら、パキスタンにある核弾頭のいくつかを実質的なオーナーであるサウジアラビア領内に移転するという秘密協定があるんじゃないか、というのがインテリジェンス・コミュニティーの常識です。パキスタンで「核開発の父」と呼ばれ、90年代から2000年代初頭に世界で広がった「核の闇市場」にかかわったと言われるカーン博士の影響も見逃せません。イランには2015年の米欧など6カ国との核開発制限についての合意がありますが、トランプはこの合意破棄の可能性も示唆しています。

サウジが核兵器を保有するようになった場合、アラブ首長国連邦にせよクウェートにせよ、カタール、オマーンあたりでもその核が買われることになるかもしれないし、エジプトだったら自主開発ができる。要するにパキスタンの核が、中東地域での核拡散につながる恐れが濃厚にあるのです。

そうした文脈を国際社会は十分に分かっているんだけども、パキスタンに関しては大陸間弾道ミサイル（ＩＣＢＭ）を開発する意思を持っているわけではなく、アメリカへの敵視政策があるわけでもないことから結局、パキスタンの核保有は黙認されている。

特に９・11以後は、アルカイダ対策とかタリバン対策など複合的な思惑から、パキスタンとの関係が重要だというアメリカの事情もあったことが挙げられると思うんです。

一方、北朝鮮がパキスタンと本質的に違うのは、そのアメリカ自体がブッシュ政権のころとはいえ、「悪の枢軸」と名指し、敵視していたことなんですよね。

今後の交渉で北朝鮮が「パキスタン化」の道をたどることになった場合、これは日本にとっては嫌なシナリオですが、アメリカとは違って、日本全域は北朝鮮の核ミサイルの射程圏内に入ったままになりますから、それへの対応についてはやはり考えないといけないと思うんですね。

危機意識の持ち方、考え方

薮中　そうです。アメリカにしてみれば核保有は容認して、これ以上の長距離弾道ミサイル開発の機会さえ封じてしまえば、アメリカ本土には届かない。インドやパキスタンのような格好で、実質的に保有してはいるけれどこれ以上の開発はできないようにすれば、最低限、アメリカが直接脅かされるような事態は止められる。これはまさに「自国第一主義」です。

ところが繰り返しになりますが、日本にとってみれば、すでに北朝鮮の核のレンジに入っている。僕はアメリカにそれをずっと言い続けているのですけど、こと北朝鮮の核の脅威に関しては、日米が必ずしも同じ考えではない。

佐藤　でもそれはたとえ同盟関係であっても、究極的には当然のことじゃないかと私なんかは思うんですよね。だからそこで、いかに日米同盟の機能を強化していくかが重要な課題なんじゃないでしょうか。

薮中　それはもちろんそうですね。日米同盟関係を強化することは抑止力という面で、日本の安全保障を高めます。しかし、冷徹に考えると、アメリカがどこで手を打つかは分からない。しかもそれが日本にとって受け入れられるような状況かといえばそうでない可能性もある。

だからこそ、日本は自分の問題意識として、「なぜ北朝鮮の核開発問題が危機か」ということを相当しつこく言っておかないと完全に後手に回る。北朝鮮の核兵器が廃棄されず、北朝鮮の脅威に晒《さら》され続けているのに、アメリカからこれが北朝鮮との合意だから、とりあえず経済協力しろよと言われると、日本の立場も何もなくなる。その可能性がないとは言えない。私が心配するのはその点ですよ。

佐藤　その懸念はよく分かります。もっとも経済協力で、あの国の中長期的な構造を変える可能性はあると思うんですけれど、私が考えるのはもう少し短期的な予測です。こんなたとえで私は考えているんです。野球でいえば、今は3回裏で北朝鮮が攻撃している回だとします。思う存分、北は攻撃をして、残念ながら日米チームは5点ぐらい得点されちゃってるんです。

この比喩は、それまで「レッドライン」と思わせていた線をアメリカが引き下げてしまったことを示しています。でも野球の試合は9回までありますから、とりあえず3回の攻防は北朝鮮のビッグイニングだったと諦めて、次の4回表の攻撃に入れるよう頭を切り替えることが重要だということです。0対5からいかに巻き返すか。日米は今、必死になって防御して6点目は取られないようにする。そして次の攻撃を考えるべきではないかと思うんです。

核をめぐる日本のシナリオとは何か？

閣議決定された「核保有も核使用も憲法は禁止せず」

佐藤　2016年3月、横畠《よこばたけ》裕介・内閣法制局長官が、参議院予算委員会で行った答弁が話題になりました。何と言ったか。「あらゆる武器の使用は国内法、国際法上の制約があるから、わが国を防衛するための必要最小限のものにとどめるべきだ」と述べたうえで、核兵器の使用について「憲法上、禁止されているとは考えていない」と答えたんです。

その後、質問主意書が提出され、政府は「憲法9条は一切の核兵器の保有および使用をおよそ禁止しているわけではない」と閣議決定しました。要するに、核を持つだけでなく使用することも憲法違反ではないと。第三者的に見るならば、これは日本の核政策の変更ですよ。つまり、憲法上の解釈として、核使用まで可能だということに初めて言及したわけです。

例えば僕が、中国なりロシアなりの分析官だったとすると、この決定によって、日本の核政策が大きく一歩踏み込んだと間違いなく判断するでしょう。しかも詳細に調べてみると、政府が戦略的にそうした政策へと舵を切ったのではなく、無意識のうちにそれが起きたことも分かります。

つまり、意識的にやっていることであれば、さまざまな交渉によって軌道変更が可能ですけれど、無意識、つまり空気や流れの一環として重要なことが決定されるということは、無意識のうちに、日本人の核依存度が高まっていると見ることができるんですね。

だから横畠さんが「核使用は憲法上禁止されず」というきわめてセンシティブな言葉を使ったというのに、メディアも含めてそれほど日本の世論が反応しない。「そんなもんなんじゃないの」というぐらいになっていること自体が、諸外国から見ると、「日本では核依存が高まってきているな」「核へのアレルギーが薄まってきたな」「世論もそんなものだと思っているな」、こう思うでしょうね。

薮中　たしかに今、アメリカで発表されている文章を読んだり、専門家の話を聞いたりしても、平気で出てくるのが、“KOREA and JAPAN go for nuclear.”というフレーズ、つまり日本と韓国は核保有に向かうだろう、という見方ですね。トランプさんが選挙期間中に、日本や韓国が核を持って、自国の防衛を行うのなら、それもいいではないかと口走ったことがありました。大統領になってからは、そうした主張はさすがに封印していますが、大統領の外交指南役のようなキッシンジャー博士は日本や韓国が核保有するだろうというのが持論です。そうなれば、核不拡散体制は崩壊します。

それをいちばん気にしているのは中国のはずです。だから僕は、そういうことを背景にして日中間で安全保障問題について本格的な議論をすべきだと思います。北朝鮮の核開発を放置すれば核ドミノが起きる危険がある、その責任は中国にあるのだと中国に迫り、中国のより積極的な北朝鮮対策を働きかける。そうした協議には中国の軍関係者を含めることが大事です。日本も防衛省が入った方がいいでしょう。

ウラン濃縮とプルトニウム抽出が認められる国

佐藤　中国の場合は、ナショナリズムの形成プロセスにおいて、敵のイメージとしての日本があります。これは負の歴史ではありますが、例えば戦時日本軍の残虐行為がありますすから「日本は怖い」ということを徹底的に国内で教育しますよね。その結果、日本を本当に怒らせたら、どれほど恐ろしいことになるのかということについては、反日的な活動をしている人ほど強いイメージを持っています。

薮中　たしかに中国は日本の防衛力には敏感です。非常に過大評価することもある。日本が安倍政権になって防衛費を1％増大しただけで、アメリカなどに出かけて行って、「日本は軍事力を増強しつつあり、地域の不安定要因になっている」などと宣伝しています。

その一方で、僕も日本国内でよく聞かれることがあります。「日本は軍事力を持っていないから、強い外交なんてできないでしょう。それは大変なマイナスですよね」と。そのたびに僕は、「そうでもないですよ」と説明するのです。第一に、自衛隊の装備は世界的に見て相当なものです。順位でいっても。

佐藤　少なくとも一ケタになることは明確です。

薮中　第二に、日本がその気になり、核能力を含め、強い軍事力を持とうと思えば持てると世界は見ている。

佐藤　やはり重要なのは、2018年7月、日米原子力協定の改定になりますけど、世界のNPTに加盟している中で、核非保有国の立場である国において、ウラン濃縮とプルトニウムの抽出を認められている国は一つですからね。日本しかありません。

藪中　そうです。しかも持っている量が違いますからね。北朝鮮がプルトニウムを30～40キロ持っていると言われた時に、日本はトン単位で持っているわけですからね。

佐藤　しかも、北朝鮮の弾道ミサイルが、はたして大気圏再突入したとき、燃え尽きることなく着弾できるか、それは無理だろうなどと言われているときに、我々は小惑星探査機「はやぶさ」をイトカワまで飛ばして、それを地球に帰還させて、大気圏突入してきちんと回収できるわけだから、要するに、地球上の任意の場所に落とすことが可能な高い技術を確立しているわけですよね。

原発と核開発の基礎能力

佐藤　一部の人たちは日本の核武装について勇ましく言い立てていますが、これに対する現実的な反論を考えてみたいと思うんです。頭の体操です。核武装といった場合、まず一番のネックになるのは原発だと思うんですよね。

藪中　なるほど。

佐藤　政府のエネルギーミックス政策で、現在、稼働しているものは少ないとしても、2割が原発に依存している。加えて、高度経済成長を牽引してきた一角である日本の自動車産業に激変が起こります。CO_2削減の国際環境基準から、2040年にイギリスとフランスでガソリン車の販売が禁止され、世界的に電気自動車へのシフトが起きる。その流れは必ず日本にも来ます。そうなった場合、電力の依存量がますます強まります。

さらにもう一つ、原油やLNG（液化天然ガス）については中東情勢の不安定という地政学的リスクがつきまといます。海上輸送の過程で8割以上がホルムズ海峡やマラッカ海峡などの要衝（チョークポイント）を通過しなくてはならず、不測の事態が起これば供給不安が起きかねない。価格高騰の可能性もある。それらが近未来に解決される道筋は見えていません。

仮にロシアから化石燃料を持ってくるにしても、米ロ関係の不安定が続くなら、政治的理由からロシアから買えなくなる可能性がある。石炭を燃やすという選択肢についても、日本は、地球温暖化を防ぐ国際的枠組みを決めたパリ協定の優等生ですから、CO_2削減にまじめに取り組み、エコに邁進しています。ですからこれ以上石炭を燃やせない。となるとどうしたって、一定程度は自家製の安定電源を維持せざるを得ないんです。

原発を日本が持つ意味として、核開発の基礎能力を担保しておくという側面があります。それは今すぐ開発できるということではなく、原子物理学者を一定程度、国に確保しておく、あるいは、大学で優秀な学生に原子力を学ばせるという意味がありました。

他方において、もし日本が核開発に着手するとなった途端、燃料であるウランをアメリカに返さなければならない。こうして日本の電力の2割を失うことになれば産業崩壊が起きかねない。言ってみれば、原発というのは日本が核開発に乗り出さないための人質みたいなものです。ですから、NPT体制が維持されている限りにおいて、日本で核開発なんてあらゆる可能性を考えてみても不可能なんだという認識が、一部の保守政治家には弱い感じがするんですよね。

藪中　それは一つの見方ですね。

日本が核武装できない理由

佐藤　さきほどのパキスタンとの比較のところで触れたシナリオで、イランがもし核開発を進めたとして、そこから中東で核の拡散が起きてNPT体制が崩壊したとします。そのとき、日本はどこからウランを買ってきますか？　仮にアフリカか中央アジアで買えたとして、今度はどこで実験しますか？　国内では原発から出る高レベル放射性廃棄物の最終処分場すら見つからない状況の中で、核実験を引き受けてくれるような自治体があるのでしょうか。

藪中　まずないでしょうね。

佐藤　仮に広大だという理由だけで北海道が候補に挙がったとしても、高橋はるみ知事と鈴木宗男さんが体を張って阻止するでしょう。さらに国外のどこかで実験できたとして、では完成した核兵器を日本のどこに配置しますか？

イギリスやフランスは核保有国ですが、イギリスは陸地や植民地に核ミサイル基地はありません。なぜなら島国であるイギリスで地上に核ミサイル基地があれば、攻撃を受けても反撃できず完全殲滅《せんめつ》される可能性があるからです。

その代わりにイギリスは潜水艦発射弾道ミサイル（SLBM）を造って海底に1年半から2年ほど潜らせています。日本には海上自衛隊の「そうりゅう型潜水艦」クラスの潜水艦を造る技術はありますが、あれはディーゼル潜水艦でSLBMとは違ってミサイル発射システムがない。そのミサイルの発射技術をアメリカが日本に供与してくれるかといったらそれはあり得ないから自国で開発するしかない――こうやって一つずつ可能性を潰していくと、日本の核武装の線はない。

保守派の勇ましい人はすぐ「日本も核を持て」なんて言いますが、その場合、最大の隘路は「核実験ができない」ことだと私は考えています。SLBMにしたってその母港を造らないといけないが、横須賀とか佐世保が引き受けるとは思えません。みすみす核戦争の標的にされるようなことは拒絶するはずです。SLBMの開発には少なくとも10年、15年ぐらいはかかる話で、今ここにある危機には間に合わないですよね。

薮中　それでは完全に間に合いませんね。なぜ日本では核開発できないか、少し冗談のように聞こえるかもしれませんが、ひとつの理由は、日本では秘密を守れないからですよ。ある日、突然のように「核兵器を開発した」というためには、それまでの間ずっと秘密にしておかなければいけない。しかし日本の場合、およそ秘密が守れないと思いますよ。

佐藤　必ず自慢話をする政治家や官僚が出てきますからね。

薮中　そうするとアメリカも止めに入らざるを得ない。もちろん、唯一の被爆国として、核兵器は絶対にダメだという気持ちは日本国民に強いわけですが。

問題が深刻なのは、北朝鮮に核を廃棄させることができるかどうか、北朝鮮の核・ミサイル開発がここまで進んでしまったため、それが容易ではなく、そのハードルが相当高くなってきているとの見方が強まっていることです。そして、北朝鮮が核保有国的なことを主張し始めることで、今度は韓国の核保有という論調が起きて来ることです。

佐藤　そのとおりです。

「非核1・5原則」で内閣総理大臣が核のボタンを押す？

薮中　さきほども指摘したとおり、今、韓国では6割以上の人が「自分たちも核を持つべきだ」と言っています。北朝鮮に続き、韓国まで核保有となれば、それが日本においてどう受け止められると思いますか。

佐藤　少なくとも国論は割れますね。非常に国内がギスギスしてきますよね。

薮中　完全に割れるでしょうね。

佐藤　その場合、こんなシナリオがあります。北朝鮮の核問題を考える上での、これもあくまで頭の体操です。こうすべきであると私が推し進めるべきと主張しているわけではないことを初めに申し上げておきます。

非核3原則の「核は持たず、つくらず、持ち込ませず」のうち、「持ち込ませず」を外して2原則にするという考え方がある。さきほどの石破さんたちの考えている方向ですよね。ただし、「持ち込ませず」を外した非核2原則だけではまだ弱いんです。なぜならアメリカは自国の核の配置場所は絶対公表しないために、実質的に抑止力としては強化されないという主張があるからです。

であれば、「持たず」の考え方を半分譲って、アメリカは持ち込めるようにする。要するに「核シェアリング」という考え方によって、アメリカと核を共同運用できるように「持たず」を部分的に緩和する。

いわば「非核1・5原則」とする。すなわち、日本人も核兵器の使い方を覚え、核のボタンを押せるようにしてアメリカ人と一緒に押す。その戦術核に関しては、内閣総理大臣がボタンを押し、SLBMも共同運用する。このようにアメリカ製の核を共同運用する「非核1・5原則」とすれば抑止能力は格段に高まるだろう——。

実は政府も、この節のはじめに触れたように、「憲法9条は一切の核兵器の保有および使用を禁止しているわけではない」という答弁書を閣議決定していますから、この閣議決定は非核3原則とほぼ同格とみなすことができます。となると、まさに「非核1・5原則」への布石は打たれていると見ることもできる――。
まさに国論が割れ、異論が噴出しそうな話ではありますが、合理的に考えるとこういうシナリオも選択肢の一つとしてあるということです。もちろん、アメリカが応じるかどうかは分かりませんよ。

薮中　核のボタンということでは、今、アメリカの中で別の心配も出ています。それは核のボタンをトランプ大統領に持たせておいていいのか、という心配です。

アメリカでは、広島、長崎に核攻撃を行った後、核のボタンを誰がコントロールするのかが議論になった。そこで軍人に持たせるのは危険だ、という主張が強まり、1946年の原子力法により、核兵器の使用についてはシビリアン・コントロールの考えに立ち、大統領に唯一の権限を与えることになった。

そして70年が過ぎ、その間、大統領に核のボタンを持たせて大丈夫か、という疑問はまったく起きなかった。

ところが今、トランプ大統領になって、そのことが大きな心配となってきたのです。そして少なくとも核の先制使用については、国防長官などの同意を必要とするべきではないか、などといった議論が出ているようです。

アメリカ国民の間で、大統領を信用できるという人は37％、反対に軍人を信用できるという人は72％と逆転現象が起きています。

佐藤　今、私が言ったようなことは、繰り返しになりますが頭の体操です。とはいえ、非常に危険な軍拡競争の扉を開くリスクがあるということですよね。人類というのは、それほど賢明ではないから、何かの偶発的な機会で死滅してしまうかもしれないので、そこまで考えないといけないということですね。

薮中　そのとおりですね。その危険は常につきまといます。アメリカが危険だなと思うのは、もともと彼らが一番心配していたのは、核がテロリストの手にわたることですよね。だから、北朝鮮が仮に核を持つことになったとしても、アメリカの中の議論で言えば、「それがテロリストに移ることがないのなら、まあ仕方ないかな」というふうに、我々が思うよりも意外にハードルが低いということです。日本はそうじゃないわけですよね。

佐藤　それはやはり、唯一の被爆国であるという日本の国民感情もありますからね。

薮中　そう。そこはものすごく違いますからね。

佐藤　ええ、これはだから目に見えない、定量化はされないんですけども、この国民感情、特に日本における「非核」は文化にまでなっていますから、そう簡単には変われないと思います。

薮中　ただし、中国との話し合いの中では、さきにも触れましたが、中国に北朝鮮の核放棄をより強く迫るためにも、日本の「核」を一つの交渉のタマとすることは考えられます。しかし、これは相当に高度の外交技術が必要で、下手にやると大ヤケドをしますが。

第4章

小泉訪朝と6者協議

あのとき何が起きていたのか

2005年の非核化合意はなぜ破られたのか？

外交交渉における戦略とは

佐藤　薮中次官はアメリカをはじめ、アジア外交も非常に長くなされて、北朝鮮、中国とも粘り強く交渉されてきましたけれど、その経験から、真の意味で機微に触れる交渉、例えば北朝鮮の核政策について中国と交渉を進めるときのポイントは何だと思われますか。つまり、信頼を構築するカギは何でしょうか。

というのは、北朝鮮との場合は、「行動対行動だ」ということを田中均さん（元外務省審議官）は強調しておられましたよね。

薮中　そうですね、中国とはお互いに相互の関係を良くしようと本気で思っているかどうかがカギになると思います。

あるいは、逆に言えば中国は日本のいかなる姿勢に不信感を持っているのか、そうした点の理解も必要ですね。

佐藤　私はロシアとの関係が長かったものですから、その経験からすると、ロシアとの外交交渉の場は、まず大風呂敷を広げることが重要だったんです。要するにこれが戦略です。日米中ロの4カ国はアジア太平洋において大国である、しかし日ロの関係だけが不必要に疎遠である、だからそれを接近させることが日ロのためにもなるし、アジア太平洋地域全体のためにもなる――これが大義名分です。

要するに「日本がアジア太平洋地域にロシアをいざなう」という大風呂敷がロシアの琴線に触れたんです。これはエリツィン大統領（当時）だけじゃなくて、プーチンにも引き継がれていた。

薮中　日中での交渉に大風呂敷があったのか、となると、中国は「共通利益の増進」をまずは進めようというのが得意な台詞ですね。対立点はあっても、それに拘泥するのではなく、共通利益を進めよう、というのです。ところが、実際には個別対立点にこだわることも多いですがね。

金正日が大嫌いだったプーチン

佐藤　国によってそこは濃淡があると思うんですよね。今ちょっと思い出したんですけど、ロシュコフのことを覚えていますか？　アレクサンドル・ロシュコフ。

薮中　覚えています。私が第3回までの6者協議の日本側首席代表で、彼はロシア側首席代表でした。

佐藤　実は私、鈴木宗男事件のあと、彼としゃぶしゃぶを食べながら話したことがあるんです。彼が言うには、プーチンが金正日のことを大っ嫌いだと言うんですよ。なぜかというと、ロシュコフは金正日と11時間にわたって徹底的に話したことがあるそうなんです。そのとき、プーチンに伝えてくれとメッセージを託されたというんですね。「我々は普段の行動が悪いので世界から誤解されて、核兵器を造ると勘違いされているけれど、我々にはその能力もないし、意思もない。単に虚勢を張っているにすぎないんだ」と。この金正日からプーチン宛てのメッセージをロシア経由でアメリカに伝えてくれないかというものだったそうです。ロシュコフはプーチンに話を上げ、プーチンもそれを信じてアメリカに伝えたそうです。

薮中　それは2003年のこと？

佐藤　そうです。そしたら大ウソだったと。それでものすごくプーチンは怒って、「俺はあの野郎を許さない」と激怒したと。そのときロシュコフがぼやいていたのは、「自分も外交官生活が長かったけれども、国家元首はウソをつかないものだと思っていた」というんです（笑）。

薮中　なるほど。本当に怒ったわけですな（笑）。

佐藤　本当に怒っていた。

小泉訪朝で示した金正日の本音

薮中　まさにその2003年から2005年にかけて、北朝鮮をめぐって何があったかということですよね。2004年5月22日に小泉さんが2回目の北朝鮮訪問を行いました。そのとき小泉さんも、金正日に同じことを言ったわけですよ。

核を持つことと持たないことと、どっちが良いと思うか。持たない方があなた方にとっ

６者協議の前に握手する各国代表。左から薮中外務省アジア大洋州局長、米・ケリー国務次官補、北朝鮮・金外務次官、中国・王外務次官、ロシア・ロシュコフ外務次官、韓国・李外交通商次官補＝2003年８月27日、北京・釣魚台国賓館、江口和裕撮影

ては絶対有利なはずだ。持てば国際社会から反発を食らって孤立する。持たなければ、みんながあなた方を助けるんだと。すると金正日は、自分もそう思うんだ、核は無用の長物だと分かっている。しかしアメリカが自分たちを敵視するからやらざるを得ないんだと。つまり、「本当はこんなもの持たなくていいんだ」という趣旨のことを言ったわけです。

実際その後何が起きたか。2005年9月、第4回目の6者協議で北朝鮮が核放棄を約束した共同声明に合意するわけですよ。だから今のロシュコフの話でいうと、金正日はその当時はウソをついたわけではなかったのかもしれない。

2005年9月、あのとき金正日が本当に核を放棄する考えがあったのではないかと思うのです。その後、2006年10月に初の核実験に踏み切ったことから、アメリカもロシアも日本もみんな「だまされた」と思った人が多いわけです。あの合意も含めて、過去25年間の北朝鮮非核化への国際社会の取り組みはすべて失敗だったとしきりに言われていますけれど、2005年9月、彼らは「核兵器及びそのプログラムを放棄する」ということに合意したわけで、北朝鮮が核放棄をする可能性はあったと思っています。

ところが、同じ2005年9月、アメリカが別ルートで北朝鮮に金融制裁を行った。「バンコ・デルタ・アジア問題」です。アメリカ財務省がマカオにある金融機関「バンコ・デルタ・アジア」をマネーロンダリングの主要懸念先に指定して、全米の金融機関に取引を禁止したのです。これによって北朝鮮の方が「だまされた」と思ったかもしれない。

佐藤　要するに「金家のお財布」を押さえてしまったわけですからね。

藪中　ええ。バンコ・デルタ・アジアにある北朝鮮関連口座が凍結されました。あれで自分たちは「だまされた」と思ったかもしれない。やはりアメリカは自分たちを敵視しているのだと。そして態度を一気に硬化させ、翌年、核実験に走った可能性がある。もちろん、この時に凍結された金額は2500万ドル、30億円に満たない金額であり、それほど大きな影響はないという見方もあります。しかし金正日にとっては虎の子のキャッシュだったわけであり、何より、だまされたという気持ちが大きかったことが考えられる。

佐藤　それは非常に重要な見方だと思います。まさに藪中さんがおっしゃる、リスクを高める「無知」と「行き違い」の「行き違い」の方ですね。

北朝鮮をめぐる二つのパイプライン

藪中　そう。まさに行き違いです。非核化交渉とバンコ・デルタ・アジアの金融制裁について、僕はこんなふうに図式化できるのではないかと思っています。あくまで推測ですが、アメリカにおいて2003年から二つのルートが走り始めていた。一つは6者協議。これは国務省・国防省ルートで北朝鮮を含めた6者の枠組みで、なんとか非核化を実現しようというルートです。

もう一方は、マネーロンダリング疑惑のある北朝鮮関連口座を凍結して経済的に徹底的に追い込んでやろうという財務省ルートです。2003年にこの二つが同時に走り始めて、2005年9月、たまたま同じ時期にそれぞれがゴール地点にたどり着いてしまった。しかもこういうとき、二つのパイプラインはそれぞれの中を脇目も振らずに走っていますから、双方が調整したり、どちらかを優先したりはしないものなのです。

佐藤　分かります。恐らくアメリカは、わずかあの程度の金融制裁で北朝鮮が態度を硬化させるとは思わなかったのかもしれません。ところが現実的に意味合いがまるで違った。

薮中　そう。彼らにとってあれは大事なキャッシュだったわけです。金正日という人は、自分の家族や側近たちにものすごく気を遣っていた。誕生日には欠かさず贈り物をするとかね。だからどうしてもキャッシュが必要だったわけです。それが凍結されたでしょう。

佐藤　それは決定的に彼らの威信にかかわりますよね。彼らからすると侮辱を受けたと。

それはたぶんこういうことだと思うんです。約束というのは常に二重構造になっていて、小さな約束を守らないやつに大きな約束は守れない。金家のお財布を凍結する制裁はごく小さな約束破りだったかもしれないけれど、それが転じて、非核化すれば我々の安全を保障するという大きな約束も西側は守らない。

藪中　そう思った可能性は高いと思います。だから、プーチンさんが「俺をだましおったな」と結果的には思ったかもしれないけど、実は金正日の方こそ、「俺がだまされた」と思っていた可能性もある。

見逃された心理面からのアプローチ

藪中　金正日からしたら、西側からは「心配するな、敵視なんてしてないよ」と説得されて核放棄に合意したら、何のことはない、横からバーンと金融制裁を受けた。「やっぱり敵視しているじゃないか」と受け止めた。そして核実験に舵を切った。その行き違いですね。

佐藤　藪中さんの著書『トランプ時代の日米新ルール』にも非核化合意の共同声明が紹介されていて、これを読むと当時ここまで北朝鮮が歩み寄ったことがよく分かります。

「朝鮮民主主義人民共和国は、すべての核兵器及び既存の核計画を放棄すること、並びに、核不拡散条約及びＩＡＥＡ保障措置に早期に復帰することを約束した。

アメリカ合衆国は、朝鮮半島において核兵器を有しないこと、及び、朝鮮民主主義人民共和国に対して核兵器又は通常兵器による攻撃又は侵略を行う意図を有しないことを確認した」

これが合意されていたわけですから、あのとき、バンコ・デルタ・アジア問題とリンケージしたらどうなるか誰も考えなかったことが、本当に今も悔やまれるところですね。

藪中　だから北朝鮮との交渉で大事なのは相手の受け止め方を注意深く読み取ることです。アメリカ政府は特にこうしたことに無神経ですから。北朝鮮との交渉団の中に外交の専門家だけではなく、心理学者も入れて、相手の心理が今どうなっているかとかそのあたりからのアプローチもきちんとしておかないと、総合的に正しい評価ができないと思うんですよね。

金正日よりずっと若くしてリーダーとなった金正恩は経験もないので、彼の心理状態はなおのこと注意深く見なければいけない。核実験やミサイル発射のあとのテレビ映像を見ると、彼はよくニコニコしているじゃないですか。あれは成功したから笑っているわけで、日々のことを想像すると、案外びくびくしているかもしれない。そういう心理状態を読んでおかないと、行き違いやボタンのかけ違いから核戦争に発展するという危険性があるということです。

佐藤 その指摘は非常に重要で、特にあの6者協議のとき「金正日がどう受け止めるか」という彼の心理に立って分析するアプローチが見逃されていたのかもしれませんね。

薮中 結果としてそう言えるのかもしれません。もちろん北朝鮮がやっていることを正当化するわけじゃないですよ。ただ、今とは違う状況へもっていくチャンスはあっただろうと思うわけです。

佐藤 分かります。

当事者なのに交渉に入れない

佐藤 北朝鮮と国際社会のやりとりについて、私はこういうことじゃないかと見ているんです。アナロジーが適切かどうかは分かりませんが、国際政治にはメジャーリーグとマイナーリーグがあって、アメリカとロシアと中国はメジャーリーグです。我々日本はマイナーリーグです。北朝鮮は本当は少年野球ぐらいの力しかないのに、突然、核とミサイルを持つことによって、メジャーリーグに入ってきて「試合をしろ」と言い出してきている、こういう状況です。そんな試合を認めてしまえば、プロリーグとして大変な混乱が予想されるので、限定的に、メジャーリーグの選手にはならないとしても、彼らにも発言だけはさせる。彼らも意見は聞いてほしいわけですから。

薮中　それが外交で一番大事なところで、1994年はそれがいきなり米朝合意という形で現れた。カーター元米大統領が同年6月に北朝鮮を訪れ、当時の金日成主席と会談しました。そして米朝2国間協議が行われ、10月には合意に至った。今のたとえで言えば、少年野球の北朝鮮が、メジャーリーグのアメリカと正面から堂々と交渉したわけですよ。

佐藤　ええ。

薮中　あのとき、日本はどうしていたかというと、アメリカと北朝鮮との交渉が行われているホテルの廊下でずっと待っていて聞き耳を立てていたんです。そして、「はい、交渉がまとまった。さあこれが結果だ」と合意内容のペーパーを見せられた。

その交渉で一番のポイントが、北朝鮮が開発中の核施設の凍結・廃棄を行う代わりに、軽水炉（出力約1000メガワット）2基を供与することで、日本と韓国が造り、供与しろと言われた。

佐藤　そうでしたね。

薮中　北朝鮮の交渉術には面白い特徴があって、同じことを何回も繰り返すのです。「我々のやっていることは平和利用である」「平和利用である」「平和利用である」と百回ぐらい聞かされているうちに、アメリカの交渉者も「そうかな」と思うようになったのかもしれない。軽水炉をわざわざ日韓が造って北朝鮮に供与することが決まった。

佐藤　国際コンソーシアム、KEDO（朝鮮半島エネルギー開発機構）が作られ、日本と韓国が軽水炉プロジェクトの主体となりました。

薮中　そうです。そして軽水炉を造る主体の日本と韓国は米朝交渉には加わることが出来ず、ひたすらホテルの廊下で聞き耳を立てるしかなかった。このとき味わった苦さは忘れられないですよね。

最後は決裂してもいい

佐藤　歴史的に見るとそれは1938年のミュンヘン協定に似ていますね。ヒトラー、ムッソリーニ、ダラディエ、チェンバレンといったヨーロッパの首脳が参加し、ドイツ、イタリア、フランス、イギリスによるチェコスロバキア領ズデーテン地方の帰属を交渉する会談が開かれた。当のチェコスロバキア代表団は同じホテルの隣室で聞いているしかなかった。そして合意ができ上がったとき突きつけられたのは、ズデーテン割譲でした。「これが平和のための最後の要求だ」とヒトラーが繰り返し繰り返し言っているうちに、みんなその気になってきたんですね。

薮中　何回も聞いているとそうなってしまう。

佐藤　外交官の特徴として、交渉を始めた以上はまとめなければいけないという心理が強く働きますからね。

薮中　それはありますね。職業的な弱さのようなものです。僕はさまざまな交渉の際に、「最後は決裂してもいい」というだけの度胸を持たなければと自分に言い聞かせていました。1994年の米朝合意とは違って、2003年の6者協議では、日本は完全にプレイヤーの一員になりました。

佐藤　しかも、ただのプレイヤーではなく重みがありましたよ。あのときは、むしろ6者協議についてロシア側は、「もう自分たちは員数合わせで呼ばれているにすぎない」と認めていました。もうプレイヤーじゃなかったわけですからね、ロシアは。

薮中　そうですよ。むしろ時々、妨害するようなことをしてみたり、北朝鮮の肩を持ったりしていましたがね。しかもあのころはまだ、中国がアメリカと話すだけの十分な国際経験がなかったから、日本に頼ってきたこともありました。

拉致問題でなぜ読み違えたのか？

北朝鮮が初めて謝罪した日

薮中　２００２年９月17日、１回目の小泉訪朝での拉致問題についてですが、あのとき、北朝鮮側には大きな読み間違いがあったと思います。日本と北朝鮮とはまったく異なる国だということが、分からなかった。つまりそれまで「拉致」という言葉を使うだけで彼らは交渉の部屋から出ていったわけです。だから、日本側としては「行方不明者」と言わざるを得なかった。それが１９９０年代のはじめから一貫した彼らのやり方でした。

それが２００２年のあのとき初めて、「拉致」という言葉を日朝間の公式の話し合いの場で使い、しかも北朝鮮が「やりました」と認め、そのうえで拉致被害者が「これだけ生存しているから帰っていい」とか「あとの人は亡くなっている」という情報を出して日本側が大騒ぎになったわけです。そしてその日のうちに北朝鮮がついに謝罪したんですよね。金王朝のトップの金正日が、日本に謝罪した。朝鮮の人にとって、日本に謝罪するということは我々が想像する以上に遥かに高いハードルですよ。それをやった。だからこれは彼らからすれば、やることは全部やったと思ったわけです。

ところが北朝鮮の完全な読み違いというのは、日本における「人の命の重さ」だった。「人の命の重さ」ということを彼らはそもそも考えたことがなく、ほとんど分かっていなかったのではないかということです。人権についても理解できていなかった。その彼我の差は大きかったですね。

佐藤　そこは一つの大きなポイントで、実はこれ、思想の違いを整理しておかないと、北朝鮮問題はもちろん、「イスラム国」（ＩＳ）についても理解できないと思います。西ヨーロッパはもとより、アメリカにも日本にも、ある程度までならロシアにも、三つの原理があると思うんですよ。

まず個人主義です。要するに、国家だといっても究極的には、個人あるいは私生活を抑圧してはならない。個人の自由が何よりも大事である。徴兵制がとられている国でなければ、自衛官であれ軍人であれ、「辞めさせていただきます」という職業選択の自由があるわけですよね。そして二つ目は合理主義です。物事を合理的に考える。三つ目は生命至上主義です。命が何よりも重要だという原理です。

北朝鮮にも「イスラム国」にも、一種の合理主義はあるんですよ。例えば、自爆テロは我々のやりたいことを実現させるのに合理的だと。しかし、これだと生命至上主義と個人主義に欠けるんです。

この二つがなければ、我々が使えない武器でも彼らは使えるわけですよ。生命至上主義を無視できるから自爆型の攻撃ができる。個人主義を無視できるから国家の命で、国の言うことには全面的に従えと。要するに、国家があって人間がいるという図式になる。

薮中 なるほどね。そういう意味では体制が違うと言ってしまえばそれまでだけど、その違いが、僕らでも分からないときがありますからね。今そのように整理されると確かにそのとおりかもしれませんね。

個人主義と合理主義

佐藤 私の場合、ソ連とロシアの両方の時代に勤務していたでしょう。だから個人主義とそれ以外ということについては皮膚感覚でその違いが分かるんですね。旧ソ連の場合は、どんなに一緒に酒を飲んで友だちになったとしても、翌日、共産党の方針が変わればいくらでもそいつを弾劾する。そうしなければ、自分自身が生き残れないから。

それに対してロシアは、仮に国の方針が変わったとしても「俺は知らんよ」ということが言えるようになりましたからね。ソ連人の場合、「約束はしたけど、守るとは約束しなかった」となる可能性は十分にある一方、ロシア人はそもそも約束すること自体が難しいけれど、一度約束したことは違《たが》えないですね。

その違いが何かといえば、やはり全体主義体制から脱却することによって個人主義が出てきたことだと思うんです。ロシアというのはもともと、個性の強い人たちの集まりですから、そこに個人主義が出てきたと私は見ているんです。

薮中　なるほど。そして個人主義と言えばアメリカが本家のようなものですが、そのアメリカに今、個人主義があるのかどうか、民主主義があるのかどうか、あるいはそこにおいて合理的な考え方があるのかというと、第1章でも指摘したように、「今、アメリカでは二つの部族間対立がある」と言われる状況が現実に起きているわけですから、皮肉なものですね。

第5章

北朝鮮の真相
リーダーの頭の中、民衆の本音

金正恩の革命観の根底にあるものは何か？

金正恩はロシア語にも通じている

佐藤　ここからは、北朝鮮国内のことや北の思想について話してみたいと思います。
　金正恩の言っていることで興味深いものがあるんです。「革命家の遺児は万景《マンギョン》での血統、白頭《ペクト》の血統を継いで先軍革命の頼もしい根幹となるべきだ」。２０１２年10月12日の演説ではこんなことも言っています。「革命家の血筋を引いているからと言って、その子が自ずと革命家になるわけではありません」。

藪中　自分でそう言ってるわけですな。

佐藤　ええ。万景台は祖父・金日成の生地、白頭山は父・金正日の生地と北では言われていますね。「偉大な大元帥たちが述べているように、人の血は遺伝しても思想は遺伝しません。

革命思想は、絶え間ない思想教育と実際の闘争を通じてのみ、信念となり、闘争の指針となり得るのです」。つまりこれは、兄・金正男《キムジョンナム》のことを言っているんですよ。要するに、革命家の血筋は引いていて、今までは白頭の血統だけで十分だった。しかし今、そこにプラスして正しい思想が必要であると。その正しい思想というのは、金日成・金正日主義、すなわち金正恩主義である。血統と思想の両方が合わさらないと革命家として認知しないと。

薮中　だから金正男ではないんだと。

佐藤　そうです。白頭の血筋は引いて血は遺伝しても思想は遺伝しない。思想がダメなら革命家にはなれないと金正恩は言っているわけです。もちろん彼を取り巻くイデオロギー集団のようなものが書いているんですけども、少なくとも金正恩はそういう理解を示していると思うんですよ。その意味において非常に怖い人ですよね。私には、彼がスターリンをモデルにしているような感じがするんですよ。金正恩はロシア語ができますから。

　外務省は若手外交官のうちは、自分の研修国以外にも任地で担当する国の語学研修ができますよね。その枠を使って、実は私、3年間、ベラルーシ語を研修していたんですよ。

薮中　ほお、そうでしたか。

佐藤　ロシアにはベラルーシ語を話せる人がほとんどいなかったんですけれど、やっと見つけましてね。これがものすごく複雑な背景を持った人だったんです。スペイン市民戦争に参加したフランスの人民戦線活動家の子どもで、長いことウズベキスタンに流されていたんだけれども、ベラルーシ人と結婚してベラルーシ系のフランス人という不思議な人でした。
その人に教えてもらった話なんですけどね、この人があるとき私にお菓子をくれたんです。なんとそれが北朝鮮のクッキーでほとんど甘さがない。なんでこんなものを持っているのかと聞いたら、北朝鮮大使館でロイヤルファミリーの孫にロシア語を教えていると。まだ金日成が生きているころです。それが二人いて、年が4歳ぐらい離れていた。それが夏の間にやって来て、2、3カ月ぐらい北朝鮮大使館の中でいろいろな授業を受けていて、自分はロシア語を教えているというわけですよ。このときは雑談程度で「ふーん、そんなもんか」としか思わなかったんですけど、あのとき、もう少し丁寧に聞いておけばよかったと悔やまれます。
薮中　なるほど、それがあの兄弟で、そのうちの若いのが今の金正恩だと。
佐藤　そう。そこと符合するんですよね。もう少し後になって、金正日体制の最後のころ、モスクワから来た外交筋が対外諜報庁の動静を教えてくれたところによると、ロシアからは定期的に分析官を平壌《ピョンヤン》に送るようになったそうです。それは金正日に頼まれて、金正恩に国際情勢のブリーフィングをするためだったといいます。要するに、金正恩はロシア語がよく分かるということです。

薮中　そのときに言葉だけじゃなくて、ロシアの考え方とかスターリン体制、その思想についても学んだというわけですな。

レーニンの革命モデルにもとづく

佐藤　おそらくそうです。レーニン自身はロシア革命をやったとき、常にフランス革命をモデルにしていたんですよね。政治家が何か大きなことをやるときには必ずモデルにするものがあります。金正恩もスターリンのやり方を真似て、イデオロギーをきちんと自分で作れるようにしたんだと私は見ています。

薮中　なるほど。スターリンはそこで何をしようとしたんですか。つまり、何を目的として政治を動かしたんでしょうね。

佐藤　おそらく高度国防国家の建設と、他者によって侵略されない世界革命の拠点となる国家づくりでしょうね。ただ拠点づくりには数十年かかると考えていましたから、反対派を完全に粛清して、西側、特にイギリス帝国主義によって潰されない、そういうソ連を作り上げることを目的にしていました。

金正恩の革命思想についてもう少し私の考えを言うと、こういう文書があるんです。「最後の勝利をめざして」というタイトルで平壌の外国文出版社から出ています。実はこれ、北朝鮮のプロパガンダ文書なんですよ。金正恩の文書が初めて日本語になった文書だと思いますが、この中ですごく気になることを言っているんです。

一つは、チュチェ101年、2012年4月6日の「偉大な金正日同志をわが党の永遠なる総書記として高く戴き、チュチェの革命偉業を立派に成し遂げよう」という論文タイトルですが、内容はその逆のことを言っているんです。ちょっと読んでみます。

「金日成主義を時代と革命発展の要求に即して発展させ豊富にした金正日同志の出色の業績により、久しい前からわが党員と人民は金日成同志の革命思想と金正日同志の革命思想を結びつけて金日成・金正日主義と呼び、金日成・金正日主義をわが党の指導思想として認めてきました。しかし、限りなく謙虚な金正日同志は、金正日主義はいくら掘り下げても金日成主義以外のものではないとして、わが党の指導思想を自身の尊名と結びつけることを厳しく差し止めました。／今日、わが党と朝鮮革命は金日成・金正日主義を永遠なる指導思想として堅持していくことを求めています。／金日成・金正日主義はチュチェの思想、理論、方法の全一的な体系であり、チュチェ時代を代表する偉大な革命思想です」

これは要するに、金正恩が「遺訓政治から脱却する」と言っていると私は見ています。父親は「金正日主義と言ってはいけない。あくまで金日成主義だ」と主張し続けたけれども、自分はその遺訓に反して、「金日成・金正日主義とする、これで遺訓政治から脱却してフリーハンドを持つことができる」と言ったに等しいのではないか。

初めて現れた「クーデター」という言葉

藪中　つまり、チュチェと核ミサイル開発とを合体させて、自分なりの大きな路線を敷いていくんだという内容ですね。それは金正恩にとって、国内的にも国際的にも絶対に必要なものなんでしょう。

国際的にいえば、やはりリビアの例があります。結局、リビアのカダフィー政権が崩壊したのは核開発を断念したためだと彼らは考えているでしょう。核を持っておかないとアメリカにやられるという恐怖感がある。

国内的にいえば、まだ若いうちに金正日の後を継いでしまった、いわば未熟な指導者ですよね。実は北朝鮮が発表した文書の中で、これまでに二度「クーデター」という言葉が出てきます。僕の知っている限りにおいて、金正日の時代、あるいは金日成の時代に「クーデター」という言葉は北朝鮮になかったはずです。

それが初めて出てきたのが、金正恩の叔父であり後見人でもあった張成沢《チャンソンテク》が粛清されたとき、これが一度目です。二度目は軍ナンバー2の玄永哲《ヒョンヨンチョル》が銃殺処刑された時のことです。クーデターを起こすためには何人かで計画を練らなければいけないから、クーデターの計画があったというのは北朝鮮の体制下では衝撃的なことです。

佐藤　ある程度の組織ができていないと不可能ですからね。

薮中　そう。ところが3人集まって話をすれば翌朝には査問されるという仕組みがあり、だからこそ、北朝鮮ではクーデターの話ができないというのが少なくとも僕の理解だったんです。それが金正恩の時代になると、彼自身がクーデターの企みがあったと自分で発表している。だから逆に言えば、それだけ不安定だったと見ることもできるわけです。クーデターを起こさせないために国内を抑えつけるには、自分の威信を確立させることだ、その手段として核を持つことだと考えたのではないか。核ミサイルで、アメリカと自分は対等だということを国内的にも見せつけることで自分の正統性を証明したい、そうした路線に突っ走っているんでしょうね。

佐藤　そのとおりだと思いますね。

朝鮮半島統一のその先

薮中　金正恩が何を目的として核ミサイル開発に邁進しているのか。あるいは、何を考えて国土づくりをしているのかといえば、今も言ったように、従来は国防を最重要に考えているんだろうと我々は見ていたじゃないですか。

佐藤　そう思います。

薮中　アメリカから攻められないためだとか、核を持たないと自分たちが危なくなるからディフェンシブ（防御的）第一にならざるを得ないとか。けれど最近、どうもそれだけじゃないような気がしてならないのです。彼自身が核保有によって何を狙おうとしているのかというと、自分を中心とする朝鮮半島全体の統一ではないのかと。

佐藤　私もそう思います。しかもその朝鮮半島全体の統一にとどまらないで、中国吉林省延辺《エンペン》朝鮮族自治州もあるし、歴史的な朝鮮領の回復であればハバロフスクまでに至ります。

薮中　つまり、高句麗の時代までさかのぼるわけですな。

佐藤　ただロシアは、北朝鮮のその可能性について昔から警戒しているんですよ。1939年当時、ウラジオストクからハバロフスクまでは多くの朝鮮人が住んでいました。これが全部カザフスタンとウズベキスタンへ強制移住させられるんです。なぜなら日本のスパイになる疑いがあるからです。

1956年にフルシチョフがソ連共産党第20回党大会の秘密報告で、民族の強制移住に関しては認め、帰還を認めるんです。そのうちいくつかの民族については一切言及しなかったんですね。例えばクリミア・タタール人、朝鮮人の帰還を認めなかったんですよ。

朝鮮人の強制連行があったことを認めたのは、1980年代後半ですし、現在に至るまで事実上、その帰還を認めていないですよね。豆満江のあたりは一切開発せずに湿原地帯のままにしていますしね。ロシア人と話していると、朝鮮半島で何かが起きてもロシアには誰も来られない、なぜならペンペン草も生えないぐらい何もない所だからだ、さらにユダヤのようなディアスポラ（離散民族）が極東地域にはいないから、そこで一体化しようという運動も起きない。だから、「民族安全保障の問題なのだ」という言い方を常にしていましたよ。

薮中　それで直接の脅威を防げていたのでしょうね。そういう意味で中国には約200万人の朝鮮族が中国人としていますからね。

ロシアが警戒する朝鮮ナショナリズム

佐藤　そうです。しかもそこで彼らは中国人と朝鮮人の複合アイデンティティーを持っているわけですから、民族という切り口で見れば、日本人が北朝鮮の悪口をあまり激しく言うと、韓国人はだんだん不愉快になってくるところがあります。それと似たような感覚を彼らは持っていると言えます。ロシアはそれが分かっているから、カザフスタンやウズベキスタンといった遠く離れた中央アジアに置いておいた。あれだけ離れた所にいるからこそ、独自のアイデンティティーが醸成されているわけです。

薮中　僕もウズベキスタンに一度行きましたけど、「ここは朝鮮人が多い場所だ」と聞きました。キムチがいっぱい売られていました。朝鮮半島に話を戻すと、朝鮮半島からアメリカの勢力を追い払い、朝鮮半島を統一するという野望を金正恩が持ち始めた可能性は否定できない。

佐藤　それはあると思います。ですからロシアはそのへんをすごく警戒していると思うんですね。南サハリンにも徴用工として行き、また韓国系で同胞ということから、朝鮮のナショナリズムが爆発することをロシア人は非常に心配していると思います。

日本の朝鮮ウォッチャーでも意外と気づかないことなんですけど、共産主義時代の旧ソ連の共産党書記長が、一度も訪問したことのない国は実は北朝鮮だけなんです。あとは、アルバニア、キューバを含めて全部訪問しているんです。それぐらい党関係も国家関係も悪かったんですね。その原因は何かといえば、やはり朝鮮のナショナリズムです。これに対するロシアの警戒感は今も昔も尋常じゃない。

薮中　中国は、北朝鮮が崩壊する、あるいはそれに近いような状態になったときには難民がどっと出てくる、自分たちの国の河一つ越えたところから雪崩を打ったように入ってくる、それが大問題なんだとずっと言い続けています。その背景には押し寄せる難民が200万人の朝鮮系の中国人と一緒になったら、統制もとれず訳が分からなくなるという心配があるからですね。つまりもう一歩先を読んだ心配をしているのでしょう。

北朝鮮の国民は現状をどう認識しているのか？

北朝鮮の民衆と終戦間際の日本

佐藤　次に、今の北朝鮮に暮らす人たちがどんな心理状態にあるのかについて考えてみたいんですね。

薮中　ええ。相手の心理に立って考えるということはこれからの交渉においても重要なことだと僕は思っています。

佐藤　それを考えるとき、終戦間際の日本人の心理状況とのアナロジーから理解することができるんじゃないでしょうか。つまり、サイパンが陥落して、B29の空襲が日本本土で始まった時点でアメリカに勝てると思った日本人はいなかったと思うんですね。だからといって東条英機首相が辞めても日本が降伏することなどないと思っていたはずです。

要するに、いつ我々は玉砕するのか、あるいは本土決戦を行うことによって、ぎりぎりの段階で講和に持ち込むことができるのか——そのぐらいのことを考えていただろうと思うんですよ。実はこの心理って、今の北朝鮮の人々のそれに近いと思うんですね。

つまり、これだけ国際社会から北朝鮮が非難されているからといって、金正恩政権が完全に国民からそっぽを向かれてるかと言えば、そうとは言えないと思います。当時の日本の国民、普通の民衆だって政府のことを決して好きではなかったかもしれない。だからといって政権転覆をもくろむほど憎んでいたかというと、そうは考えてなかったと思う。このアナロジーで今の北朝鮮を見た方がいいと思うんです。

もう一つ、北朝鮮の国策映画に「ある女学生の日記」という作品があるんです。2007年に初めてカンヌ国際映画祭に出品された映画で、これは社会科学院の寮に住みながら研究に打ち込む父親と、離れて暮らす母、娘の話です。

舞台は平壌郊外です。道路が舗装されていない、家では漏電があってよく火が出る、通学中の小学生のランドセルにはミッキーマウスの写真が貼られている、市販のお菓子がない代わりにおばあちゃんが芋飴を作ってくれる、遠足のときには特別にお弁当を作って先生に分けてあげる——そんな普通の北朝鮮での生活が描かれているんです。

娘は家を空けている父親に不満を持ち、自分の進路について悩みながらも、最後には「将軍様のために」と心を決めて、大学の物理学部に進むという話になっていて、まさにプロパガンダ映画です。それでも北朝鮮にも普通の人たちが暮らしているということは見ることができます。

今の北朝鮮について現実的に分析するにあたり、こうした風俗を摑んでおくことが重要であると同時に、もう一方において、七十数年前の終戦間際の日本人の心理を振り返ってみることも大事じゃないかと思うんです。七十年そこそこでそう簡単に人間は変わらないですからね。

大量消費社会の到来が体制崩壊につながる

薮中　今言われたことで非常に面白いと思うのは、まさに近過去における日本との比較ですよね。つまり、今の日本人から見れば、国際的な非難を浴びながら核実験を行い、ミサイルをバンバン飛ばして「北朝鮮はクレージーなことをやっている」と思うわけですよね。ところが日本だって戦時中に同じようなことをやっていたというのは、まさにそのとおりです。

ただ、金正恩体制というか金王朝が日本のようにみずからの敗北を認めて、新たな出発を踏み出すかというと、そうはならんでしょうな。とりあえず一度降参して、自分の権威は守ったうえで次の段階に進めるかといえば……これはちょっとないでしょう。

その点、日本の社会には柔構造があり、やはり天皇という大きな存在があり、安定の新たな出発点になっていったという歴史的事実があるじゃないですか。金王朝がそれだけの権威というか正統性は持っていないと思いますね。

佐藤　そこは私も同感です。逆に金正恩について本当に怖いのは、米朝関係が正常化した後、通常の経済交流が始まることだと思うんですよ。そうした場合、おそらく今、北朝鮮の正式な統計はないけれども、外貨ベースで換算すれば、労働者の一日の賃金は2～3ドルだと思うんですね。

ただ、北朝鮮の労働力の質は極めて良いし、国民性は勤勉である。産業としても製造業とかアパレルには力があるから、それらが輸出できて外貨獲得ができるようになれば、将軍様の配給ではなくて、自分で働いて稼ぐことによって必要量の米を買うことができるし、甘いものも買えるし、服を買うことも子どものために運動靴を買ってやることもできる、という具合に徐々に大量消費社会に突入していく。その結果、面従腹背が起きるんですよね。その面従腹背が、ある段階に入ると公然とした反抗となって表れてくる。だから、実は大量消費社会に入っていくことが、ああいう体制が崩れる要因として重要なんじゃないかと私は見ているんです。

日本の終戦とのアナロジーで強調したいのは、太平洋戦争のとき日本の軍部を暴発させる大きなきっかけとなったのが、石油の全面禁輸だったことです。今のこの局面において、北朝鮮への制裁をどうしていくか、石油の全面禁輸が暴発を招く可能性がないかどうかを正確に見極める必要があると思うんです。

薮中　それは重要な点ですね。

政権がはらむ自爆の可能性

佐藤　もう一つは、ポツダム宣言が伝えられたとき、我が外務省は「国体の変更なきものとの了解のもと」と翻訳した。「条件」じゃなくて「了解」のもとで受諾したと言ったんですね。アメリカの国務長官が、天皇を含む日本政府は連合国軍最高司令官のもとに

“subject to”すると言ったので通常だったら、「隷属する」とか「服従する」とか訳すところ、外務省が知恵を絞り出して「制限のもとに置かれる」と訳した。

陸軍の連中はウェブスターの英和辞典を持ってきて「これはどう考えても隷属だ」「これじゃ国体は維持できない」と言ったのに対して外務省が「制限のもとに置かれるから国体は護持されているんだ」という形で頑張った。

ここから分かることは、北の体制を叩き潰す方向でやった場合に、あの人たちの依って立つ余地がほとんどなくなるんじゃないかということです。それが心配なんですよね。

薮中　北朝鮮に石油全面禁輸をしたら、大きな効果があるのは間違いないが、日本の経験を考えてみても、暴発する可能性があり、中国はそのことをずっと言ってますね。国民がいろいろな形で反乱を起こして政権が潰れるか、あるいはその前に、政権自身が暴発してさまざまな軍事的な行動を取るかですが、そうした可能性は十分に考えられるところです。

佐藤　どちらにしても我々にとっては危険ですよね。

薮中　僕は大学で教えていて、学生たちにいろいろ北朝鮮情勢のことで話をするのですけど、ちょっと驚いたことがありました。２０１７年8月26日午前に日本海へ向けて北朝鮮が短距離ミサイルを3発撃ったことがありましたよね。あのときの北朝鮮の発表は、「在日米軍基地を狙うための訓練だ」というものでした。在日米軍基地を狙うということは、日本を狙っているのと同じことでしょう。けれども狙いはあくまで米軍基地であって、日本には関係のないことだと思っている学生が多かった（笑）。

だいたい在日米軍基地をピンポイントで狙ったところで核でも落とされたら、日本が甚大な被害を受ける。在日米軍基地を狙う＝日本を狙ってるということへの思いが至らない。これは驚きですね。

佐藤　あともう一つ、北朝鮮にも誤算があったと思うんですよ。要するに、少し古い日本観を彼らが持っているんじゃないでしょうか。もし在日米軍基地を狙うといった場合、安保闘争のころであれば、「我々を戦争に巻き込むな！」「米軍出ていけ！」といった反米運動につながったかもしれない。ところが今やそれはない。その意味において、日米離間がなかなか起きないというのは、彼らにとって相当の計算違いだったと思うんですよ。

薮中　それは向こうの中枢で今の日本を知っている人が少なくなっているからでしょう。基地に対して攻撃を仕掛ければ日米離間や反米運動が起きるというのは、おそらく1970年代前後のことで、今の北朝鮮にその時代のことを知っている人は残っていても、今日の日本の状況はよく知らないのでしょう。

経済発展と管理システムは両立できるのか?

北朝鮮はなぜ潰れないのか

薮中　僕はアメリカと経済交渉(1989~1990年、日米貿易摩擦の改善のための日米構造協議担当)をしたり、6者協議(2003~2004年)の担当をしたりと、アメリカ、中国、北朝鮮とのつき合いが多かったわけですが、アメリカ人とは、なぜ北朝鮮の体制が倒れないのかということをよく議論してきました。

80年代のアメリカでは、北朝鮮があと数年で潰れると言われ続けてきました。CIAもそうした見方をしていたと思いますが、けれど全然潰れない。

1995年になると北朝鮮で百年に一度と言われる大洪水があり、食糧不足から100万人とも200万人ともいわれる人びとが餓死したわけですよね。「今度こそ潰れるぞ、ここまでいくと潰れるぞ」と見られていたけど、それでも潰れなかった。

２０１１年に金正日が死亡して、３代目の金正恩になって「さすがにこんな若い指導者になったらすぐ潰れるだろう」と言われた。正直、僕も今度こそ潰れるかなと思っていたのです。３代目なんてうまくいくはずがないと。ところがこれもまだ続いている。

これは僕の仮説ですけど、要するに北朝鮮の体制というのは、金正日にしても金正恩にしても、儒教の世界にスターリン的な管理方法が加わった社会に君臨しているのかなと思うのです。儒教では年配者や年長者、あるいは権威や正統性といったものを尊重しますから、そうした教えがすみずみまで浸透しているところにスターリン的な管理体制が入り込み、簡単にはほどけないほど一体化してしまった。だから崩れないんじゃないかと。

例えばルーマニアだったら、ソ連の管理体制下にあっても、下の方の組織はバラバラだったからあっという間に崩壊した。

前にも触れたように、北朝鮮では３人集まれば翌日には査問される。こうしたスターリン的な監視・管理体制ががっちり作られている。ああいうのは、もともと北朝鮮にはなくて、ソ連で勉強した人が持ち込んだりしたものではないのか。それがさまざまな権力闘争を経て、一つの体制として作り上げられたものではないかというのが僕の仮説なんです。

佐藤　たしかにスターリン主義体制の統治システムというのは、現在もまだ生きてますよね。と同時に、意外に思われるかもしれないけれど、スターリンには柔軟な部分があったんです。例えば、キリスト教政策を見れば分かりますけど、実はソ連で宗教弾圧が一番激しく行われたのは、フルシチョフとレーニンのときで、スターリンじゃないんです。特にフルシチョフのときは、ロシアの教会の三分の二は潰されてるんです。

薮中　じゃあ、スターリンの管理体制というのは、それほど締め付けは厳しくなかったというわけですか。

佐藤　そうです。スターリンは宗教パワーについてよく分かっていたと思うんです。例えば、第二次世界大戦時、独ソ戦が始まったその瞬間に「同志諸君」という呼びかけをやめて、「兄弟、姉妹の皆さん」に変えた。教会における神父の信徒への呼びかけです。宗教を否定せず、むしろ利用する。

クリスチャンとしての金日成

佐藤　イスラムとの関係でも、これは『スターリン全集』第7巻あたりに多数出てきますけど、「回教（ムスリム）共産主義者」という概念が出てくるんです。回教徒だけれど共産主義者という人がいるんだと。それからシャリーア（イスラム法）を人民が大切にしているんだから、ボリシェビキ共産党はイスラム法を廃止しないとか、こうしたことを矢継ぎ早にやっているんですよ。要するに、スターリンは統治において実に巧みな面があったわけです。

だから金日成の統治を見ても、そうした緩め方が上手だったという感じがするんですよね。金日成の場合、両親が熱心なクリスチャンで彼自身もクリスチャンでしたから――それもトランプと同じカルバン派ですからね。

だから、晩年の『世紀とともに』という回顧録を読むと、お母さんと教会へ行ったときの話とか、教会でノートをもらったという話が出てきます。ノートがもらえるということは聖書をきちんと暗唱していたということですからね。そして、「私の思想は愛の思想でキリスト教と同じなんだ」ということを言ってます。

だからアメリカの牧師、ビリー・グラハムとか、韓国人の牧師なんかを招いていましたよね。息子（金正日）の代になると、キリスト教の要素は見えなくなって、映画とか娯楽への興味が強く出てましたけど、まだ少し余裕が感じられた。今度その息子（金正恩）になると、スターリン主義的な統治マネージメントと儒教的な教えでがんじがらめになっているという感じしか見えなくて、余裕がまったく感じられない。

薮中　3代による多少の違いはあるにしても、あのガチガチの統治システムが長年にわたってなぜ壊れないのか、それはアメリカや日本の合理的な思考や価値観を基準として見ると絶対に分からないところですね。

中国で目の当たりにした経済発展

佐藤　『金日成著作集』の第44巻で彼はこういうことを言っているんですよ。改革開放政策をしろという人間のやり方は、我々はやらない。なぜならば、それをやった場合には、金蝿と蚊が入ってくる、と。

薮中　ほう（笑）。

佐藤　我々は金蝿や蚊は要らないから、蚊帳をきちんと吊らなきゃいけない、とこういう話をしていますよ。そういう意味では、ゴルバチョフとは違って全体主義システムについてよく理解している。一カ所でも経済を崩すと全体が崩れるということを少なくとも金日成は分かっていた。ただ、今の金正恩は分かってないと思いますよ。

あの体制を崩すのは、さきほども言ったように、どこかのタイミングで国際関係を正常化した後の経済的な進出だと私は見ています。それだから民衆が自分のお金で自分の生活の糧を得られる状況になれば、将軍様への面従腹背が起きてきて、ソ連が崩れるのと似た感じになると思うんですよ。

固く扉を閉ざした中にいる限り、その世界の中しか民衆は知らないわけですから、そこがあの体制の強さだと思いますね。もっとも民衆だって、自分たちの親の世代ぐらいまではある程度、自分たちの国の置かれた意味が分かっていたと思うんですよ。金正恩は、恐怖によって完全に統治できると思ってるんでしょう。恐怖と、一種の人間工学やマネージメントのようなもので、管理システムを作れると。

薮中　ええ。そんな感じはしますね。2002年9月に小泉さんが訪朝して金正日に会いましたけど、実はその前年に、金正日自身が中国へ行って急速に経済発展している様子を目の当たりにしている。日本企業がいっぱい入ってきていて、これはすごいと。

その驚きとともに、今までの自分たちのシステムではどうしても経済が回らなくなり、軍に配給もできなくなった。そんなことが起き始めて、経済改革せざるを得ないと腹を決めたわけですね。そのことが結局は日本との関係を正常化して、経済協力を勝ち取ろうという方向に舵を切り、小泉訪朝につながったのだと思います。

今の金正恩の代になっても、経済改革をやらなければ立ち行かなくなることに変わりはないはずで、個人として稼ごうという人が増えてくる。経済活動ができる人たちは中国との行き来もあるから情報も持っている。それが北朝鮮国内で拡散していったら、政府の言いなりにならなくても自前でモノが手に入りますからね。

佐藤 そう思います。今、我々が知っている北朝鮮の都市ってごく限られていますよね。平壌、新義州《シニジュ》、元山《ウォンサン》、羅津《ラジン》といった、いわゆる「ショーウィンドウ都市」だけなんですね。外国から見られてもいいように近代的にしているそのショーウィンドウ都市も平壌を除けばみすぼらしいものです。でも圧倒的大多数の民衆が住んでいるのはそれ以外の場所だし、もっと貧しくて経済的に厳しい状況だと思うんですよね。

北朝鮮崩壊、三つのシナリオ

薮中 北朝鮮の2500万人を、若い金正恩がどこまで統治できるのか。

佐藤　2500万は大きいですからね。

薮中　大きいですよ。北朝鮮が崩壊するシナリオとして三つのことが考えられるとよく言われます。一つはこの2500万の民衆が政権を倒すという下からの変革ですよね。これが実現したらすごい力になるけど、まず現実的には難しい。

実際北朝鮮に行ってみると国民はそれなりに真面目だし、こういってはなんだけどバカじゃない。どうしたら彼らが目覚めることがあるのかとは思いますが、だからといって民衆が立ち上がって政権を覆すということにはなかなかならないでしょう。

二つ目に、100万人の軍隊が決起するというシナリオです。「このままでは金もコメも入ってこない！」と若手将校が中心になって立ち上がるというものですが、これも無理だろうと思います。3人集まれば翌日査問というシステムの中では、ちょっとしたことが目立つから決起はしにくいと思うんですね。

三つ目は、側近による反乱ですね。指導者に近い相当の上層部の中で、「こいつにまかせておいたら早晩行き詰まる」と思っている人が立ち上がる場合です。この可能性が、三つのなかでは一番起こりうることかなと思いますが、それでも粛清される可能性の方が大きいかもしれない。

佐藤　三つのシナリオの中でも、民衆が立ち上がる場合の動機となるのが、やはり経済的基盤を背景にした市民社会的なものの広がりですよね。それが少しずつ盛り上がってくると面従腹背の雰囲気が出てくるでしょう。そこが転換点の大前提になると思います。

でも、統治のメカニズムは精緻にすればするほど、技巧を凝らせば凝らすほど、逆にほころびや脆いところが出てくるのも歴史が教えるところです。韓国の朴正煕《パクチョンヒ》なんて、あれだけ独裁体制で軍を固めたはずなのに、中央情報部長に暗殺されちゃったわけですからね。絶対はない、ということが分かります。

第6章
変貌する中国とのつき合い方

肥大化する中国の自己イメージにどう向き合うか？

中国が抱く「新秩序」のイメージ

薮中　２０１６年、中国で開かれた会議に参加したことがありました。この会議は中国現代国際関係研究院という中国でもっとも影響力の強い研究機関の一つが主催したものですが、そこで実に唖然とさせられることがありました。

この会議では、アジア太平洋における新たな秩序を議論するのが主なテーマでした。そこで中国の参加者は胸を張ってこう言いました。

「この地域にはスーパーパワー（超大国）としてのアメリカがいる。一方、自分たち（中国）もほぼスーパーパワーになりかけている」。そして、「そのスーパーパワーのすぐ下を形成する第２層にはインドネシアがいる（中国人の頭の中ではインドネシアの人口２億数千万が大きな塊としてイメージされているようです）。そして日本もいる（ここでようやく日本に言及しました）。また、域外国としてロシア、インド、さらにはオーストラリアもいる」。こんな具合でした。

僕は冗談ではないと考え、「あなた方はアジア太平洋の新たな秩序として、ヒエラルキー（階層）のあるような秩序を構想しているのか？　中国は昔からへゲモニー（覇権主義）に反対し、平和・平等を旗印にしてきたのではなかったのか！」と反論しました。

佐藤　かなり中華帝国的な感覚ですね。

藪中　中国が新たなヒエラルキーを構築しようというのは、我々からすれば、とんでもない話であって、そうした構想は現実的でもなければ、日本には到底受け入れられないと断言しました。

非常に残念だったのは、この議論の場にアメリカの出席者もいたのですが、彼らは黙ったままで、ある意味、アメリカ人はこの中国の構想を受け入れているかのようでした。僕がずいぶん勢いよく反論したものだから、一時、会場内も騒然となりました。ようやく議長から、秩序という言葉がヒエラルキーを想起させるのであれば、それは中国の真意ではなく、「ネットワーク」という言葉を使って引き続き議論していきましょうということでその場は収まりました。しかし、中国の参加者が言った構想はかなり正直に中国の考え方を反映したものだな、と感じました。

ナショナリズムが作る「敵のイメージ」

佐藤　興味深い話ですね。その中国側の発言者が見えていないのは、まさに民族問題です。中国の外交官とのつき合いの中で私も感じたんですけど、彼らは特にヨーロッパの歴史をよく勉強していないのか、民族問題に対してきわめて鈍感ですね。民族問題は普遍的な現象だということがよく分かってないんですよ。

結論をはしょって言うと、産業社会や近代化とともに生まれる資本主義において、一種の平等性や流動性を担保することと、ナショナリズムの発生は表裏一体のものと言えます。ナショナリズムが生まれると必ず「敵のイメージ」も生まれるんですね。

例えば、チェコ人にとって敵のイメージはドイツです。ロシア人にとっての敵のイメージはフランス。ドイツ人の敵のイメージもフランス。フランス人の敵のイメージはイギリスとドイツです。

ここで例外的で面白いのがイギリスです。あの国の正式名称が、「グレートブリテン及び北部アイルランド連合王国」であることからも分かるように、民族をシンボライズする言葉が入っていないんですね。「北部アイルランド人」なんて民族はいないですからね。スコットランド人、ウェールズ人、イングランド人はいても、「ブリテン人」という民族はいない。

２０００年代以降発展してきた「ＢＲＩＣＳ」（ブラジル、ロシア、インド、中国、南アフリカ）とかＥＵ離脱が決定して以降のイギリスで、スコットランド・ナショナリズムが出てきたりしているから状況はちょっと変わってきていますが、原則的なところで、ナショナルアイデンティティーが生まれるときには敵のイメージが必要だということは変わっていない。

そのとき自分たちが酷い目に遭わされたとき、特に同胞の女性が酷い目に遭わされたとき我々は何もできなかったという戦時性暴力のイメージがついて回るんです。それによってお互いが非対称のイメージを持つわけです。

中国に話を戻せば、産業化のためには近代化が進むんですけど、その近代化がむしろ中国の統一をバラバラにするし、周辺国家との関係を緊張させる。そのあたりのことが中国人には理論的に整理できていない感じがするんですよ。

中でも、中国で今一番弱いのはナショナリズム研究です。彼らは無意識のうちに日本を敵のイメージでとらえています。そのうえで、今、中華帝国の「漢人」ではなく、「中国人」を作ろうとしています。そうすると中国には統合されない勢力が、新疆《しんきょう》ウィグル、チベット、そしてモンゴルとの境界あたりに出てくるので、中国が「中国人ナショナリズム政策」を強めれば強めるほど、こういう同化できない人たちが新たな敵のイメージとして形成されていき、それが国内を不安定にさせることが予見できない。

その次に、延辺朝鮮族自治州を抱えるという問題が、実は非常に深刻です（第5章参照）。一時期、中国と北朝鮮の間で、「高句麗は中国の地方政権か、朝鮮か」という高句麗論争が起きました。ああいうことにおいて、潜在的に朝鮮の持つナショナリズムの力が、韓国とも合わさって爆発した場合、これが東アジアの秩序を壊しかねない恐れがあります。だから対馬の領有権要求には、延辺自治州はもとより、湿地であるところの沿海地方としてハバロフスクぐらいまで入ってくる可能性が十分あるわけです。

こういった話は、私が現役のころ中国の外交官と話していて非常に喜ばれましたね。「上に報告する」なんて言ってメモを取っていました。もともと中国のインテリジェンス部門から大使館に来ていた連中でしたけど、結局彼らが関心を持つのは日本で活動している法輪功だけだから、彼らと意見交換しても大局的な話にはならないだろうということで、僕らは中国外交部の方に勉強会を持ちかけたんです。そうしたら外交部は非常に乗り気でした。

ただ残念だったのが、あのとき田中真紀子さんが外務大臣になって一連の騒動が起きたころだったので、あれがなければ中国外交部との間でナショナリズム研究が進んだと思うんですよね。ですから、中国との関係においてもう少し戦略的な意味を持って、学術協力というのをしてもいいと思うんですよね。日本のナショナリズム研究の水準は東大名誉教授で明治大学特任教授の山内昌之さんをはじめとして、すそ野がかなりしっかりしています。

中国の海洋進出が終わる日

薮中　これからの中国にとっての潜在的な敵は、佐藤さんはどこだと思いますか。もちろん「敵」という存在があるという議論の中での話ですが、それはアメリカなのか日本なのか。

佐藤　日本でしょうね。

薮中　日本という場合、日中両国が海洋国家としてぶつかるのが不可避だといった想定ですか。

佐藤　私はそっちの方向じゃないと思うんですよ。つまり次に述べる理由から、中国は海洋進出どころじゃなくなると予測しているんです。それは「イスラム国」とのかかわりです。あれを中東の遠い場所の出来事だと思ってる人がいたらとんでもない認識不足です。

今、ラッカが陥落しても「イスラム国」が消滅してなくなるわけじゃない。たとえて言うなら、「イスラム国」という風船があってその上の方をぎゅっと掴むと風船は割れずに中の空気は下に移動します。あくまでイメージですよ。ここで地図に目をやると、事実上の破綻国家となっているタジキスタンとキルギスが見えてきます。さらにウズベキスタン東南部の、以前、日本人技師が拉致されたフェルガナ盆地がある。このへんは新疆ウイグル自治区と陸続きになっています。

つまり、今、中東のラッカが陥落することで「イスラム国」の戦闘員たちは中国西部の新疆ウイグル方面に拠点を移してくるかもしれない。となると中国西側の国境地域で「第二イスラム国」が形成されるというのは、インテリジェンスの専門家の間では自明とされていることです。中国当局はまだあまり気付いていないようですけど。

薮中　それは大唐帝国という7世紀ごろのイメージと、当時いつも問題を抱えていた突厥《とっけつ》（トルコ系遊牧民）との対立といった話のようですね。

佐藤　でも帝国の時代においては、それぞれのリーダーが要所を押さえておけば、統治はとりあえずできるので、あとは個々で勝手に運営すればよかったわけです。ところが国民国家の時代になると、国内を均一にしていかないといけない。となると、抵抗の仕方がまるで違ってくるわけです。

しかも「イスラム国」のような国境を越えるテロに対して中国は皮膚感覚でその脅威が分かっていない。彼らが関心を持っているのは、新疆ウイグルの民族主義であって、実はウイグル人がイスラム教徒であることと、民族主義的に見ても複合アイデンティティーを持っていること、場合によってはイスラムの面が強く出るということがよく分かっていない気がします。それだから比較的、小巡礼なんかで出国も自由だし、そこの管理はあまりしていない。

薮中　国内の少数民族的な扱いなんですな、問題として。

佐藤　はい。それだから、その問題が臨界を超えたときに、抱えるリスクの大きさに中国はもはや海洋進出どころの話じゃなくなると思うんですね。

薮中　では、中国にとってアメリカの位置付けはどういうものになりますか。

佐藤　それは当面、どういう「物語」を中国が作っていくかということでしょうね。さきほど言われたヒエラルキーの考え方からすると、おそらくトーナメント制みたいな発想になってくると思うんですよ。Aリーグ、Bリーグ、あるいは東洋リーグ、西洋リーグとか。

薮中　それは住み分けのような発想ですね。

佐藤　そうです。十八世紀のドイツの哲学者・ライプニッツのモナドロジー（単子論）という思想で展開されたモナド（単子）という概念に近いと思います。抽象的になりますが、モナドは大小自在にサイズを変えられるけれど、窓のない閉じられた空間の中にたくさん詰め込まれて、押し合いへし合いしてお互いが切磋琢磨しているイメージです。

EUは、まさにヨーロッパというモナドを守るために発想されたものですし、TPP（環太平洋経済連携協定）にもそういう要素が隠れていたと思うんです。まさに世界の枠組みを考えるうえで主流の発想だという気がしています。

薮中　まさに、中国の人が「ニュー・パシフィック・オーダー」と言った時には、そういう発想が色濃く出ているんですよ。米中というのはお互いが衝突することはもはやあり得ないという前提を各々が持っている。中国は日本をセカンダリー（二番目）なものに位置付けようとしていて、一段下の存在であると言外にほのめかすわけです。

佐藤　アメリカと中国が本格的に対立するためには、単純化して言えば、地政学が重要だと思うんですよ。要するに、海洋国家とぶつかるのは海洋国家なんですね。確かに中国は今、海洋国家化しているけれど、アメリカレベルの海洋国家になるには数十年はかかるし、あるいはなりきれないかもしれない。そうするとアメリカとぶつかる必然性はなくなるから、案外住み分けられちゃうんですね。ところが東アジアにおいて、中国が海洋に出ようとすると途端に周辺の海洋国家とぶつかるんです。それが今、南シナ海を緊張させている理由です。七十数年前、日本が勘違いしたのは、海洋国家であるアメリカと正面から対峙してしまったことなんですよね。

日本から提案できることは何か?

次官級協議でわかったこと

薮中　さきほど、佐藤さんが言われた中国の外交官との勉強会という話で面白いと思うのは、実は僕も２００７年ごろ、外務審議官だったとき、日中韓の次官級協議というのをやりました。Ｇ７の政務局長会議でやるような国際情勢について議論する会議です。そのとき実感したのは、日本の方が圧倒的に知識があるし、アイデアとか議論を構築していく知のソフトウェアを日本はいろいろ持っているということでした。それで日本は会議をリードできる。中国、韓国もそれを非常に評価して、一緒に勉強しようという意欲もあって、実に気持ちのいい会議ができました。

あれから10年を経て、いまや堂々と米中戦略対話なんてやっていますから、中国も相当自信をつけてきていると思うけれど、日本だって捨てたもんじゃないですよ。今、ナショナリズム研究と言われたけれども、それらも含め、いろいろな意味での戦略的な問題、世界中で起きている問題について幅広い面で日本から対話を呼びかけるのも一つの手ですね。2003年に6者協議を始めたころは、中国はよく日本に頼ってきていました。まだ彼らがアメリカと直接やりとりしても、アメリカが何を考えているのか分からなかったり、自分たちの考えもうまく伝えられなかったりしてね。

佐藤　薮中次官のお考えとはちょっと違うかもしれないけれども、ホットスポットになってる尖閣とかは、とりあえず除外するのがポイントだと思うんです。「両国との利害関係が一致しているところや、核心的利益が対立していない部分のテーマから始めてみましょうか」と言って、中東、中央アジア、ロシアといった地域の話をしてみると中国ともいい話ができると思いますね。

薮中　中国人が大好きな言い方です。第4章でも触れたように、「共通の利益をできるだけ大きくしましょう」と彼らはよく言う。共通の利害があればそこから始め、相互理解を深めていくというのも手ですよね。この前、中国の人と話していて思わず笑ってしまったのは、まさに高句麗をめぐってのことでした。中国側が「ここは昔、中国の一部だった」

と言ったら、韓国側からえらく反論されて困ったと。そのとき「日韓がしょっちゅう歴史問題でやり合っていて、不思議に思っていたけど、いざ自分がその立場になるとその大変さがよく分かった」と言っていました（笑）。

先日、習近平さんがトランプさんに、"Korea used to be part of China."（朝鮮はかつて中国の一部だった）と言った、とトランプはバラしたことがありました。そうしたら今度は韓国がえらい怒っちゃったわけですね。だから、ことほどさようにナショナリズムとか歴史については、外交官でも意外と知らないことがあるので、日本と中国とで、北朝鮮の問題も含めてもっといろいろ議論をし始めたらいいと思う。

佐藤　そう思いますね。

南北でつけられた30分の時差

佐藤　もう一つ言っておきたいのは、金正日の時代に彼が若いころに書いた「三国問題に関する論文」というのが、あるとき突然注目されたことです。それは古代史の見直しなんですよ。朝鮮半島の統一は高句麗主導で、高句麗が中心になって進めていくという歴史観です。それを金正恩が組み立て直そうとしてるんですね。そのとき彼はおそらく東ドイツの歴史を見たと思うんです。

1970年代から東ドイツでプロイセン化という運動が起きます。一つのドイツという建前が一応はあるものの、我々はプロイセンなりザクセンの延長線上のドイツの本流で、オーストリアに近い方のバイエルンとは違うんだ、言葉も違うんだ、我々の方がドイツの本流なんだという主張です。北朝鮮は明らかにあれを見ていましたね。

要するに、朝鮮人と韓国人は別の民族だということです。韓国人は新羅の末裔、我々は高句麗の末裔だ、という操作がなされて、それはナショナリズムにもとづくものだと言えるわけです。金正恩になってそれが端的に表れたのは、韓国との間に30分の時差をつけたことです。2015年8月15日から時間の流れを変えることによって、少しですが韓国とは別空間にできる。

薮中　なるほど、そういう見方もありますね。

佐藤　彼らは意外と、分断国家のことは研究しているし、ルーマニアのチャウシェスク政権の崩壊もソ連崩壊も研究していると思います。

薮中　ただそうなると中国にとってはえらい困った話になりますね。

佐藤　そのとおりです。ですから、こういう見方を中国に投げてみるんです。「これは我々の作業仮説ではあるんだけども、時差をつけたのはなぜだと思う?」。それから、「北朝鮮が歴史認識を変えて、歴史教科書に高句麗主導説が書かれている状況で、仮に韓国が別の新羅民族として歴史を組み立てることになると北朝鮮は、延辺朝鮮族自治州と一緒になるよ」とかこういう議論を作業仮説として中国との戦略対話でやってみると面白いと思うんですよね。

薮中　その際、北朝鮮をどう位置付けるか。核を持つようになった北朝鮮をどこまでマネージできるのか、そういう議論も始めないといけない。

佐藤　中距離弾道ミサイルは北京にも飛ぶわけですからね。

薮中　そうです。我々は北朝鮮に核を持たせるわけにいかない、というのが譲れない基本線ですが、これまで何度も指摘しているように、「保有やむなし」という見方がアメリカにも出てきている。そうしたときに日中がお互いに北朝鮮の核保有をどう見るのかということは、両国でもっと議論すべきだと思います。

しかも僕らが思う以上に、中国は日本のことを気にしているはずだから、日本は自分たちの位置付けを高く持ったらいいと思う。中国もいろんなボールを投げてきていて、日本と話そうという気持ちはある。だけど日本が二言目には「南シナ海での振る舞いは問題だ」と言うから面白くないような顔をするわけですよ。でもそれほど中国が強いわけじゃないし、我々が思っている以上に日本には力がある。

中国と北朝鮮では党と党、軍と軍との間で培ってきた関係があるのだから、その関係を使って中国が北朝鮮の体制内に手を入れることができないのか？　中国は北朝鮮にそんな影響力はないと言いますが、本当にそうなのか？　米韓合同訓練で北の要人の斬首作戦なんて言っていますけど、あれが成功するとは思えないですね。こうしたことも日中で話し合ったらいい。

佐藤　そうですね。仮に中国が入り込んだとしても、北朝鮮は、ＤＭＺ（非武装地帯）の後ろ側にあるような場所から大砲でもぶっぱなしかねないですからね。

薮中　何度でも強調しておきたいのですが、北朝鮮については日中間でもっと話すべきです。核保有間近と言われる北朝鮮危機における中国の役割を、アメリカだけにまかせておくのではなく、日本がしっかり中国と話す必要がある。お互いの安全保障にとって北朝鮮をどう扱っていくのが現実的かをとことん話せばいいと思う。中国は、日本がちょっとでも防衛費を増やせばすぐセンシティブになるし、ましてや、日本の核保有について「非核化政策なんて言っているけれど、いつか持つか分からん」と心配している人は多いのです。ですから、日本自身が自分たちのことを過小評価しているとすれば、それは大変な損失だし、外交上もマイナスになる。堂々と割って入っていき、日中間で本格的な安全保障対話をすべきです。

「顔が見えたら撃てない」――国境警備隊司令官の言葉

佐藤　僕がもし今、外務省にいたとしたならば、日中戦略対話が開かれることになったら絶対に「テロ部会」をつくりますね。日本は中央アジアについてそれなりにいい情報を持っています。中東の情報収集においても、日本が強みを発揮する国と中国が強みを発揮する国とは違うんですよ。だから中東調査会や外務省の日々の公電の中などに、相当程度の情報が含まれているはずですからそれらをきちんと整理する。

これはむしろ警備公安警察的な発想になりますけども、日本には中国少数民族のさまざまな運動の拠点がありますから、公安情報の交換をすることでも中国とは信頼関係が増進しますよ。テロ対策という観点から、「国境を越えるテロリズム対策」という形で、彼らが気にしている情報を提供する、あるいはまだ気付いていないことを教えてあげる。そんなふうに中国にとっても我々にとっても裨益《ひえき》する場所は必ずあるはずですから、そこで信頼醸成をはかる。歴史認識問題や尖閣問題で正面からぶつかっていると、お互い前向きに進んでいこうという感じになりにくいですからね。共通の利害が一致するテーマを見つけ出すのは重要だと思うんですよね。

薮中　なるほどね。橋本龍太郎さんが首相のとき、本当に一生懸命やられていたのは、日中の若手将校の会合を開くことでした。これは向こうも非常に評価していた。

佐藤　それはきわめて重要です。私も外交官時代、ロシアとの関係で軍や国境警備隊と交流したんです。今でも印象に残っているのは、北方四島で実際に警備している警備兵たちとウラジオストクの司令官を呼んで、鈴木宗男さんが行きつけのラウンジバーで二次会をやったときのことです。ロシアの軍歌があった方がいいだろうということで、ロシアの軍歌が入っているカラオケを探したけどどこにもないんですよ。そうしたら外務省の私の後輩ではしっこいやつが、「モスクワの闇市に出ていた」という情報をもってきたんです(笑)。

薮中　ロシア軍歌のCD?

佐藤　大判のレーザーディスク(LD)でした。モスクワに出張して、軍歌の入ったLDを手に入れてきたんですよ。そうしたら韓国製でした。そのスナックで軍歌をかけて盛り上げようと必死でした。最初のうちは向こうも悪い目つきをして緊張した雰囲気だったんですよ。軍のバッジをくれるんですけど、それをコップの中に入れて——ロシア軍で「洗う」と言いますが、それにウオトカをついで全部飲み干せっていうんですよ。鈴木さんはそんなに酒強くないですから、横にいる私が代わりに飲むことになる。交互にやって気絶しそうになりました(笑)。でもそんなことをやっているうちに、みんなで肩組んで歌ったりして最後に向こうの現場の隊長が言い出すんですよね、「これじゃあもう撃てねえよな」と。こうやって顔が見えると撃てないと。だから、お前らにも違反して欲しくない。俺たちも絶対に撃たないと約束すると。そういう交流を何度か繰り返していい関係が実現できてたんですよ。

2002年に鈴木宗男事件があって、2006年には、歯舞群島付近の海域で操業中のカニかご漁船「第31吉進丸《きっしんまる》」がロシア国境警備局の警備艇に銃撃・拿捕《だほ》されて乗組員が1人死亡した。これは分かりやすい話で、人事異動があるので彼らも最高3年までしかそこにいないんです。だから属人的な関係はメンテナンスしていかないと、そのとき限りの約束だから、それを覚えてる連中がいなくなるとマニュアル通り撃ってくるというわけです。

第7章

海洋をめぐる戦い

尖閣問題と東シナ海

「尖閣問題」の本質とは何か?

墓穴を掘った「係争のある島」

薮中　今、大学で国際関係を教えていて、領土問題について若い人たちがどんなふうに思っているかを聞くと非常に心配になります。「北方領土の日」（2月7日）は政府の閣議了解によって決められ、「竹島の日」（2月22日）というのは島根県の条例で決められたものですけど、尖閣の日はないわけです。当たり前ですよね、尖閣諸島は日本固有の島で、日本が実効支配をしているのですから。でも今、領土問題に興味を持つ学生たちの間では尖閣についてては関心が高いが、北方領土への関心はきわめて低いんです。

佐藤　尖閣、竹島、北方領土の順番なんですね、きっと。

薮中　だから僕は、おかしいじゃないかというわけです。「尖閣は領土問題でもなんでもない。どうして北方領土問題にもっと関心を持たないのか?」と。ところが彼らは、「北方領土なんて帰ってこない」とか、「そんな島が帰ってきても日本人は誰も住まない」と言うわけです。

佐藤　住まないんだったら、住みに行くような仕組みを作らないといけないと考えるべきなんです。発想が逆ですよね、そこは日本の領土なんだから。

薮中　そうです。結局、尖閣については、ある意味、日本の方が自分で問題を作り出してしまった面がある。石原慎太郎さんがワシントンの講演会で尖閣諸島を東京都が購入すると言ったときのアメリカの新聞記事を見ると、Dispute islandsという表現になっている。「係争のある島」「紛争のある島」という意味ですから、わざわざアメリカで自ら係争地だと喧伝したことになる。

佐藤　触らないことが得策だっていうことが分かっていないわけですね。まるで墓穴を掘った形です。

薮中　尖閣諸島で最初に大きな問題が起きたのが2004年3月、中国の活動家7人の乗った船が領海内に侵入し、小型手漕ぎボート2隻を使って魚釣島に上陸したときです。あのとき僕はアジア大洋州局長で、官邸から「外務省がちゃんとみてくれ」みたいなことを言われた。本来、日本の領土ですから、外国人が不法侵入すれば、警察が取り締まればよいはずで、外務省の出番ではない。しかしそうも言っておれず、「日本が実効支配している所で不法侵入があったのだから、日本の法律にのっとって逮捕すべき」と進言しました。外交上の問題はないのかとか、いろいろ検討はされたけど、結局逮捕した。あれは日本の警察が尖閣をめぐって中国人を逮捕した初めてのケースでしたね。そして7人を国外退去処分にしました。すると今度は「なんでそんなに早く帰すのか」と批判する人もいたけど、このときの手順は正解だったんですよ。

なぜならこれは中国から見ると「しまった」と思う流れだったからです。つまり、日本の警察権を行使して逮捕され、日本の司法制度にのっとって国外退去にされたのですから、文句のつけようのない日本側の完全な処理の仕方です。だから上海にもどった7人はマスコミの前に出ることも一切なかった。このケースは官邸がコントロールする力を持っていたことを示しています。

ところが、2010年に中国漁船衝突事件が起きたとき、当時の民主党政権には以前のようなノウハウが官邸になくて、結局、法務省に丸投げする形になった。しかも最悪なことに、検事が日中関係に鑑みて処分保留で釈放すると発表したわけです。領土問題をめぐる対立では、日本は法律を淡々と実施するだけであって、外交なんてまったく関係ないとしておかないといけません。あれは大きな間違いだったと思いますよ。

その後、2012年に日本が尖閣を国有化したときにも中国が大反発をして、大混乱が起きましたが、国有化自体は間違っていたわけではないと僕は思います。

猪瀬直樹副知事の「金集め」

佐藤　ただ私は、副知事だった猪瀬直樹氏の責任はきわめて大きいと思うんです。石原さんの戦略は簡単な話で、ワシントンで開かれたシンポジウムで行った講演の中で、尖閣諸島を地権関係者から都が買い取る方向で基本合意した、といきなり言い出して、費用を都の予算から支出すると考えたわけです。でも都議会が否決したらそれで終わりだったんですよね。ところが猪瀬副知事が勝手に金を集め始めた。しかも基金を作って募ったのではなく簿外でこれをやった。行政機関としてはまずあり得ない話でしょう。

結局、地権者との関係などやっかいなことがいろいろあって、当時の野田佳彦政権が引き受けたという話だったわけですよね。国有化を中国がどう受け止めるかについては官邸サイドでも完全な読み違いがあったんでしょうね。

薮中　日本が尖閣を国有化するという話を中国は事前に知っていたという話があります。当時の日本側の認識としては国有化するのは今より状況を悪くしないためであって、国が管理することで勝手なことはさせないから安心してくれというメッセージであり、中国も分かっているはずだと思っていた。それに反して、中国から強硬な対日批判が起きたことでみんな弱りはてたのですね。

中国との外交交渉で難しいところですが、日本なら、外務大臣に伝えておけば総理には確実に伝わるわけです。けれども中国の場合、外務大臣にあたる外交部長は実はそれほど偉くないんですね。本当のところ、誰と話をすればトップまで話がいくかが分からないところがある。

見たこともない人が習近平の隣に

佐藤　ソ連のシステムがそうでしたよね。ソ連共産党の国際部課長の方が、外務大臣より実質的な意思決定権を持っていました。中国とは少し形が違っても、党という要素は同じなんでしょうね。

薮中　中国との首脳会談のときには、僕らが日ごろカウンターパートナーとしてやり合っている外交部長が端っこの方にいて、国家主席のまわりには僕らが見たこともないような人が座っていました。外交部長は党の常務委員でもなければ中央委員でもなくて、序列的にはずいぶんと下ですからね。

もう一つ、国有化によって中国が態度を硬化させたことの裏側には、「これを大問題にしてやろう」とあえて中国が利用した可能性があると思います。

佐藤　確かにそれはありますね。

薮中　意外に思われるかもしれませんけど、中国というのはアメリカに対して猛烈な宣伝活動を行うんです。今後の中国との交渉や話し合いをするとき、頭に置いておいた方がいいことですが、中国はアメリカに対して、「自分たちは平和を愛する国だ」「自分たちはあくまでもディフェンシブ（防御的）なんだ」という姿勢を見せるわけです。そして日本側が攻撃をしかけてくる、とアピールするわけですよ。

尖閣の国有化のときも、「日本が起こした問題だ」「日本が国有化したせいで日中間がガタついているのであって、我々は防御的に対抗せざるを得ないんだ」と、こういうことを臆面もなく言う。

傑作なのは、国務副長官だったアーミテージが中国からの帰りに日本に立ち寄ったとき、僕に聞くわけですよ。「野田（総理）と石原（知事）が共謀して今回の問題を引き起こしたのか？　それで国有化したのか」と。

だから僕は言ったんです。「いやしくも知日派と言われるあなたがそんなことも分からないのか？　そんなことはあり得ない話だ」と。でもアーミテージは「本当にそうか」なんて再三聞くわけですよ。それほど中国はアメリカに対してアピールをしたんですね。

だから今後の北朝鮮情勢をめぐってもそうですが、中国がアメリカにどういう宣伝をするかはよくよく見ておかないといけないし、日本も自分たちの行動についてはアメリカに明確に説明しないといけない。分かってくれているはずだ、という思い込みは日米の間でも危険ですよ。

立ち消えになった清国との割譲案

佐藤　尖閣国有化では、もう一つの問題があったんです。尖閣の歴史的経緯をたどれば分かることですが、沖縄県とのかかわりです。

尖閣諸島が沖縄県のものであるということは政府もメディアもみんな忘れているかのようですが、実は尖閣をめぐっては、日本政府の要請ではなく、当時の琉球政府の要請によって交渉が始まったんですよ。

あそこに石油があるかもしれないという理由で中国船が進出してきたし、台湾も領有権を主張してきたが、あれは沖縄の領土である。しかし琉球政府は米施政権下にあって外交権がないから日本政府に再三要請して外務省が動き出したという経緯があるわけです。

沖縄の場合はちょっとねじれがあって、石垣島や宮古島の人は、本島に行くことを「沖縄に行く」と言うんですね。石垣島は「石垣合衆国」と言われるぐらい北海道から鹿児島まで全県出身者がいるんです。外国人も非常に多いしオープンな土地柄なんですよ。

薮中　僕は学生のころ、大阪から船で沖縄へ行ったことがあります。24時間かけて鹿児島へ行き、さらに24時間かけて那覇にわたり、さらに石垣島へ船で行きました。石垣は本島からは実に遠いですね。

佐藤　そうなんですよね。歴史をさかのぼれば、1879年の琉球処分で沖縄県が設置され、そのすぐ後の1881年、「分島・増約案（分島改約案）」が日本と清国（中国）との間で協議されます。これは中国における関税権を取る代わりに、宮古・八重山を清に割譲するという日本側からの提案なんです。清側は李鴻章《りこうしょう》がサインした文書が残っています。当時はまだ、尖閣が日本領に編入されていませんから石垣の付属諸島ですが、石垣島を中国にわたすという意思表示を日本は一度しているんです。けれども清国が正式に批准しなかったことから立ち消えになった。清国国内の混乱や日本の進出を警戒したためと言われています。

藪中　幸い条約にならなかったんですな。

佐藤　そうです。でもそのときの日本と清国の代表がサインした文書は残っているんです。そういう経緯のある所だから、尖閣を国有化するといっても、沖縄の人たちからすると説得力がないんですよね。かつて「分島・増約で中国にわたそうとしたじゃないか」と。

藪中　なるほどね。大学で教えていて、学生たちの沖縄への関心はとても高いと感じます。「沖縄が琉球だったとはどういうことか」とか「世界中でさまざまな独立運動があるが、沖縄にも民族自決の動きはあるか」とか、中国、ヨーロッパからの留学生はとくに関心を持っていますよ。日本人はもっと沖縄に対してセンシティブにならなきゃいけないですよ。

佐藤　そうですよね。この分島・増約論のほか、1854年に日米和親条約が結ばれたとき、実は、琉米修好条約も結ばれているんですよ。アメリカでは大統領が批准しているし、翌、1855年には琉仏修好条約が、1859年には琉蘭修好条約が結ばれています。

地理的関係がすぐに頭に浮かぶか

薮中　だからこそ僕らは、沖縄の置かれた立場にもっと気を配る必要がある。僕が初めて沖縄に行ったときは、1968年ごろでしたが渡航証明書を持っていきました。どこに行っても良い場所には米軍の看板があり、「OFF LIMITS（立ち入り禁止）」と書いてあった。そのとき沖縄の人から率直な気持ちを聞く機会がありました。また、石垣の人と本島の人とではまた受け止め方が違うわけですね。

佐藤　違うんですよ。アイデンティティーが違う。本島（沖縄島）は中央政府に批判的です。一方、石垣の首長は本島に批判的になる。それゆえ官邸に近づく。だから石垣が、自衛隊配備とか辺野古に賛成を示すのは、本島に対する対抗心の要素もあります。とはいえ、沖縄の中のそうした政治的駆け引きは、沖縄全体の民意とは乖離したものになりかねない。だから尖閣国有化といったとき、沖縄とどう連関するかを瞬時に気付くことが重要なんですけれど、中央政府からの反応はいまひとつ弱く、ぱっとしないんですね。

薮中　尖閣とか石垣とか本島といっても、なかなか地理的な関係を頭の中で正確にイメージできている人は少ない。それぞれの距離はどうかとか、石垣の方はむしろ台湾に近いとか。そのへんも我々はもっと正確に頭に置いておかないといけない。

佐藤　それは重要になってきますよね。これからの外交官であれば、沖縄の歴史とか地理的な状況を知っておかなければいけない。他方、北方領土交渉を視野に置いても、アイヌの歴史、先住民族の国際法的な地位とか、日本国内ではあまり意識していないところが、意外と外交交渉において重要になることがありますからね。

薮中　日本の学生は北方領土問題には関心が薄いようですけど、外国の人はアイヌのことに大変な関心を示します。日本以上に世界の人たちは日本の中にある民族的なことに興味を持っているということは、僕も大学で教えるようになって初めて知ったことです。

佐藤　グローバルな目で見れば、少数民族のいた土地の扱いをどうするかとか、先住民族の権利が保全されているかといった文脈でとらえる方が、メインストリームになっていると思います。

東シナ海での日中共同開発合意のメッセージ

中間線での線引き

薮中　東シナ海をめぐって、ぜひ強調しておきたいことがあります。それは2008年6月の「東シナ海油ガス田共同開発」という日中合意です。この合意は今後、日中間で信頼関係を構築する上で極めて重要ですし、もっと言えば、日中両国が対立するのか、協調するのかの分岐点にもなります。

南シナ海については、中国とフィリピン、ベトナム、マレーシアなどとの間で領有権をめぐって対立関係にありましたね。ところが近年になって、南シナ海は古代から中国の海だったとして、中国は南シナ海の全域を自らの支配下に置こうとし、島の埋め立てなども始めました。この中国の動きはさすがに世界のひんしゅくをかい、国際仲裁裁判所も中国の主張を全面的に否定しました。そしてアメリカも原子力空母を南シナ海に派遣し、中国を牽制しています。今、中国は必死になってフィリピンを抱き込み、これは中国とフィリピンなど関係国との問題であり、アメリカや日本には直接関係がないことだと主張していますね。

東シナ海でも、実は中国はすべてが自分たちの水域だといった主張を行っていました。今でもその主張は取り下げていません。もっとも、東シナ海については、「古代から中国の海」というのではなく、国連海洋法条約を引用し、大陸棚が沖縄まで延びている、だから大陸側の中国の海だと主張していました。中国というのは勝手なゴリ押しをする人たちだと思いがちですが、彼らは実によく理屈を使います。このときも国連海洋法条約の規定を持ち出して理屈をこねたのです。

佐藤 それはロシアと一緒ですね。

薮中 必ず使う。それで日本側が「あ、そうか」と折れたら絶対いかんのですね。そこで日本も理屈で対抗したのです。国連海洋法条約には、向き合う二つの国があるときは両国で協議し境界を決めるべきであると定めている、そして水域確定では、国際的には中間線で線引きするのが慣行であって、中国だってベトナムとの間で中間線にもとづいて線引きしたじゃないか、と我々は主張したわけです。こうした協議を続けていましたが、「大陸棚延伸か、中間線か」でお互い立場がまったく違うから、協議が始まっても30分で終わっていた。

佐藤　「お互いの立場の違いを確認して、じゃあ、次のテーマに移ります」というやつですね。

薮中　そうです。ところが、2007年12月に当時の福田総理が訪中するときになって、東シナ海における油ガス田の共同開発というアイデアが具体的に浮上してきたのです。これはうれしい驚きでした。中国も福田政権とは本格的な日中関係の構築ができると考えたのかもしれません。

佐藤　そういう窓がちょっと開いたら、こじ開けたらいいんですよね。

薮中　そのとおりです。彼らが共同開発をしようと言ってきた水域に、日本側が主張する中間線がわずかに走っている。それが分かった瞬間、僕は「これは絶対にまとめないといかん!」と思った。そのあともさまざまな交渉がありましたけど、結果的に2008年6月に合意に達しました。

取れるときに取らないと、一生取れない

薮中　この2008年合意は東シナ海の一定の水域で日中共同開発をしようというものですが、日本が主張する中間線の西側に「白樺《しらかば》油ガス田」があります。中国からすれば、中間線の西側は日本の論理に従っても中国の水域のはずだから、日本には関係ないだろうというのです。これに対して日本側は、海底では中間線の東側の油田とつながっているかもしれない、そこを一方的に開発されたら、日本の資源が吸い上げられるかもしれないと反論し、結局、白樺油ガス田については中国の国内法によって開発はされるが、日本の企業が参加するということで合意しました。

この2008年合意は東シナ海を実質的に中間線で二つに割ることを意味しています。ところが日本の中には中国に厳しい見方をする人が多く、「中国はこんな合意を無視している」「だいたい、中国と共同開発をするなどという発想がおかしい、中国は信用できないのだから」とこんな批判がある。また、「この合意は中途半端で、尖閣は入っていない」とかいろいろ批判があります。しかし、「取れるものを取る」のが外交で、取れる時

東シナ海の油ガス田「白樺」。施設内で船から
コンテナがつり上げられていた＝2010年９月
25日、奄美大島の西約460キロ、朝日新聞本
社機から撮影

に取らないと一生取れない。

佐藤　そのとおりです。

藪中　中国が歩み寄るという千載一遇のチャンスがきたら、逃してはいけない。繰り返しますが、この合意は東シナ海を平和的に二つに割る国際的な根拠になるわけです。東シナ海では南の方には尖閣があり、それをめぐって逮捕者を出すほど対立している。それでもこんな合意ができたのです。しかも中国側は白樺油ガス田の合意も守っているんですよ。あそこでちょっとでも煙が出ると日本は文句を言うわけですけど、すると「あれはメンテナンスのためにやっている」と(笑)。

佐藤　開発してるわけじゃないというわけですね。

藪中　そうです。健気に向こうがそう言い訳をするわけです。つまりそれだけこの合意を守っているわけです。ところが2008年6月に合意はしたけれども、残念ながらまだ条約にはなっていない。ここでまた、間違った報道がよくあるんですけど、「合意の中身がまだ詰まっていないのだろう」と受け止められている。でもそれはまったくの間違い。完全に中身を詰めたうえで合意がされています。北緯何度何分から何分までと細かく規定し、その水域の間を中間線が走って、そこで共同開発をやると決めたのですから、これほど明確な合意はない。あとは条約にするだけで、そんな作業は課長さんがすればできることなんですね。

佐藤　そのとおりです。

薮中　実はこの合意は中国国内で評判が悪くて、特に人民解放軍が反発しているといいます。向こうでは日本との共同開発について大変な反発が起こるわけですよ。「中国は沖縄トラフまでと言っていたのに、なんでこんなに後退するんだ！」と。油田の開発となると、いろいろな企業が関係してきますし。

佐藤　中国なんて特にそうですよね。

漁船衝突事件の真相

薮中　中国政府もなんとか国内の反対派を押さえていますが、「センシティブだから、条約交渉はちょっと待ってくれ」と言ってきたんですね。しかし合意は合意として首脳会談でも毎回確認しています。それで第2回目の条約化交渉をやりましょうという段になったとき、2010年の尖閣周辺海域であの漁船衝突事件が起きた。だから僕は、あの事件はこの合意を潰しにくるために引き起こされたのじゃないかと思ったくらいでした。

佐藤　ぶつけてきた人は、酔っ払ってて相当変なおじさんでしたからね。

薮中　誰かが仕込んだのかも分からないですしね。その後、習近平体制になるでしょう。習近平さんになってから、一度も日中首脳会談でこの合意確認がされていなかった。これがどうなるのか。条約にもなっていないということで、人民解放軍が潰しにくるというのは十分に考えられることでした。南シナ海は全部自分の海だと言っていますからね。「東シナ海も自分たちの海だ、だからこんな合意は潰すのがいいんだ」と。

ところが、２０１６年９月５日に、Ｇ20サミットのあった中国・杭州で、日中首脳会談が開かれました。安倍総理は習国家主席と西湖国賓館で会談し、実はここで習近平さんが、２００８年６月の合意について再確認したんですよ。

あれはきわめて重要な中国からのメッセージだと僕は思っています。ここは見逃すべきじゃない。日中首脳会談の発表には「東シナ海でのこの合意について協議していきましょう」という一文がありました。報道を見てそれがどれだけ重要か分かった人は少ないかもしれないけれど大変重要な文章です。

佐藤　習近平からよく取れましたね。

薮中　そうなんですよ。習近平さんが、２００８年合意を認めたということですからね。僕に言わせれば、アメリカが南シナ海へ空母2隻を持っていくよりも、この２００８年合意の方が遥かに大きな意味がある。

これについては世界中の海洋学者に聞きましたけれど、国際的には誰が見ても同じような評価でした。つまり、「これほど日本にとって大事な合意はない。日本は大事にした方がいい。日中の間でこの中間線が海域を確定する基礎になる」と言うんですね。

ただこれも歯がゆく思うんですが、日本人は自分たちが勝ち取ったものについてあまり関心がないんですね。特に対中強硬派の間では「何の意味もない」と思う人は多いみたいですけど、そんなもんじゃないんですよ。

佐藤　それはまったく違いますよね。

たとえば、１９９７年11月、小渕恵三外相のときに改定（２０００年6月発効）した日中新漁業協定も、尖閣周辺の水域の問題を非常に上手に解決していますよね。要するに、交換公文じゃなくて、双方が外相間で一方的な書簡を出す。それで日本側の書簡は緯度、経度が書いてあって、尖閣を含む水域では中国船（中国国民）に対しては日本法を適用しないという文言を入れた。

薮中　そうでしたね。

佐藤　逆に今度、中国側は日本船に対して中国法を適応しない一方的行為として書簡を出すという内容で、実に面白い方法を考えたなと思います。

薮中　たまたま僕はその日中漁業交渉も担当していました。あのとき北緯27度以南については、台湾があり、尖閣がある。そこで、この水域ではおのおの自分で漁業管理の適切な対応をすることにしたのです。

佐藤　小渕政権のときには、北方四島海域における日ロの安全操業協定に妥結しているんですよね。あれも不思議な協定で、意外とみんな気付いていないんですけども、国後島から見るならば、12海里以内の領海内操業なんですよ。

だからロシアからすれば、領海内操業を認めているわけで、これは漁業では通常考えられないですね。つまりこれには罰則規定がないんです。すなわち、「日本は絶対に違反しない」という前提に立っています。違反はしないんだから罰則規定は不要だろうと、こういうふうになっているんですね。

こうやって領海内操業という、今までできなかったようなことができて銃撃のない海をつくるという目的を達成できたんです。

日中の合意に慌てた韓国

藪中　漁業交渉で日中が合意をして驚いたのは韓国ですよ。韓国は、まさか日中間で合意ができるとは思っていなかったから、慌てて日韓交渉に入ってきました。なぜなら、日中が合意したのは、韓国も関係する水域なんです。だから日中だけでやられたらまずいということで彼らも真剣にならざるを得なくなった。

そうすると今度は日韓の漁業交渉ですよ。そこには竹島があり、双方が一歩も譲らないため、まったく交渉が進んでいなかった。そこで竹島をめぐって「ここはお互いに排他的経済水域は主張しないことにしよう」と持ちかけ、竹島を囲んだ水域では領海を除き日韓双方の漁船が漁業できることにした。今だったら、韓国とのこうした合意は絶対できないと思いますよ。

佐藤　無理でしょうね。韓国のナショナリズムが大変なことになっていますからね。

藪中　ところが、1998年というのは、小渕・金大中《キムデジュン》会談があった年です。あのときの日韓共同宣言は今でも素晴らしいと思うんですよ。この宣言は三つの重要な柱から成り立っています。一つ目は、日本が植民地化することによって韓国の人に苦痛を与えたことについて謝罪すると言った点。そして二つ目が一番のポイントで、金大中さんは日本が戦後やってきたことを評価すると書いた。

佐藤　はい。

薮中　そして三つ目に、「今後は21世紀のパートナーとしてやっていきましょう」と書いた。今でもそのとおり書いたらいいと思うぐらいの素晴らしい文章だと思います。僕は今、文在寅《ムンジェイン》さんにある意味、期待しているところもある。金大中という人は実は親日派ではまったくなかったけれども、頭で考えて、日本と韓国は協力しなきゃいけないんだということが分かったからこそあそこまで大胆に書いた。「韓国が日本のことを評価する」というのは、日韓の歴史を知っている人から言うと、きわめて政治的に勇気のいる発言ですよ。それをやった。文大統領はその系統を引き継ぐ人ですからね。

そのころ江沢民《こうたくみん》さんの訪日があって、「日本は中国にも文章でもちゃんと謝罪しろ」と言ったけれど、そのときに日本側は「韓国が書いたように、日本がやってきたことを評価すると書いてくれれば」「それは書けない」ということで文章にはならなかった。それぐらい日韓のあの共同宣言は立派なもので、大事にしたらいいと思いますね。

日本はもっと警護を固めた方がいい

薮中　尖閣問題に戻ると、あれは明らかに日本の島で実効支配しているのだから、何もうちから問題をことさら大々的に言う必要はない。ただ、警備の点からいうと、海上保安庁の船の数を三倍から五倍に増やせばいいと思います。もちろん声高に言わず静かにやるのが基本です。それなら中国も文句を言えない。仮に言うかも分からないけど、それは知ったことではない。中国は航空機を飛ばし、船も来ますけれども、日本が警護を固めれば基本的には中国もそれ以上の手出しはなかなかできないですよ。

２００４年３月のときは、日本の巡視船は２隻いたけど、それでは止められない。日本の巡視船が常に６隻、７隻いれば、そうは中国船も入ってこられないですからね。それを破ってまで侵入してくれば、国際的には中国が自分で攻撃的な対応を取ったということが明白になる。

佐藤　だから少なくとも実効支配しているという現実を破られないようにする。そのためには、我々が平和裏に問題を解決する方向で十二分にできるリソースはたくさんあるわけですからね。

薮中　そうです。少しずつ今、巡視船を増やしていますけど、もっと増やした方がいいと思いますね。

第8章

二つの顔を使い分けるしたたかさ

「大義」とタテマエを使って優位に立てるか？

「平和」を大義に中国を追い込める

薮中　軍事力なくして外交なしと言わんばかりの乱暴な議論があります。特に僕らは、「平和外交なんて甘い」なんて言われてきましたけれど、過去70年間にわたる平和外交というソフトパワーには大変な力がある。

例えば中国との外交交渉の場面で、意外に思われるかもしれませんが、中国は二言目には「自分たちは平和を愛している」と言うんですね。ですから、尖閣についても、自分たちはあくまで平和を愛する立場であって、この平和を脅かしたのは日本だということを強調します。「日本が国有化したから我々も対抗措置に出るんだ」という言い訳を作るわけです。これは前の章でも見たとおりです。

だから日本は「平和のため」という大義名分のもとに具体的なことを提案していき、中国も受けて立たざるを得ないように追い込むのです。それを私は平和イニシアティブと名付けています。たとえば、さきに触れた2008年東シナ海油ガス田共同開発合意を活用し、「東シナ海を平和と友好協力の海にするため、油ガス田の日中共同開発を進めるべきだ」と日本が働きかける。「平和」を旗印に中国を追い込んでいくというのは有効な方法なんですよ。

佐藤　2017年8月、中国が南シナ海のスプラトリー諸島に造った人工島の12海里以内を、米駆逐艦が通航し、「航行の自由」作戦を実施したと伝えられました。米艦は無害通航権を行使する形で、船を止めたり錨を下ろしたりせずに通航したわけですから、国際法的には中国領海を無害通航したという読み方もできるわけですよね。

日本の政治家の中には、特に自民党国会議員の中にはすぐ勇ましいことを言って過剰に中国を敵視するようなことを言う人たちがいますが、実はアメリカ自身が南シナ海において、中国に対して最強硬姿勢に出ているわけではないことは明らかです。

藪中次官の時代とは違い、今、官僚人事における官邸の影響力は圧倒的に強くなっていますから、課長人事ぐらいまで手を出すことがあるとみんな萎縮しますからね。それがブレーキになることもあるでしょう。外務省に戦略対話ができるような余裕や幅は、政治家が与えてほしいと僕は思いますね。

したたかにやればいい

薮中　南シナ海で中国がやっていることは問題だというのはそのとおりなんだけども、じゃあ何が本当に問題で、どこが国際的にルール違反かということを分からずに言っている人が多いですからね。

佐藤　特に海洋において人工島を造るのはけしからんとか言う人がいるけど、日本の場合、嬬婦岩《そうふがん》は岩と認めているけれど、沖ノ鳥島はチタンで固めてわずか数十センチしか出ていないのに島と主張しているんですよね。この前、専門家と話してたら、最近の調査ではもう少し浸食して、13センチ程度しか出ていないんだそうですよ。

薮中　そうですか（笑）。

佐藤　日本はあそこを島としていますが、他方、それより何十メートルも幅のある嬬婦岩を岩としちゃっている。要するに、岩だと領海は持てるけれども排他的経済水域は持てないからですね。国際海洋法をどう読むかは、逆に逆用されるとやっかいなこともたくさんあるから気を付けたほうがいいこともあります。

藪中　そう。昔は、中国が沖ノ鳥島のことをがんがん言ってきていたんですよ。ところが今、自分たちが島を造っているから言えなくなった（笑）。

中国から見ると、海洋国家にはなりたいけれど、国際法を厳密に解釈すると非常に面倒なことになります。地図で中国から太平洋に出るルートをたどってみると、実は容易には出られないことが分かります。九州から沖縄にかけて長く南西諸島があって、台湾、フィリピンと続きますからね。日本の方から出るのはなかなか大変だから、まず南シナ海から行ってみようということでやっていますが、えらく不便なことは事実。

佐藤　確かにそのとおりですね。

藪中　いざ出たと思ったら今度は、日本の沖ノ鳥島というのがあると。地図を見ると、日本はあんなに小さなもので200海里を主張できるわけですから、僕らが思う以上に彼らにとっては不都合なんですね。中国の問題は、国際法とか国際ルールとか、そういうことの運用の仕方に慣れていなかったことだと思うんです。それで訳の分からないやり方をやる。その一つが防空識別圏（領空とは別に定めた空域）でしょう。

佐藤　慣れていないし、防空識別圏を作ったって、彼らにそれができるだけの力量があるかどうか。

薮中　そうそう。慣れていないときにね、「ここを飛ぶときにはうちに言ってこないと、撃ち落とすぞ」的なことを言うでしょう。アメリカや日本が防空識別圏を設定していることにどこまで大きな意味があるかどうかは議論があるでしょうけど、ある程度、防衛的な意味を込めてやるのであって、そこへ入って来たら撃ち落とすというわけじゃない。

佐藤　領空じゃないですからね。

薮中　そこを分からないでこういうものを作るから物事がややこしくなる。

佐藤　その閉ざされた扉の中で、フレンドリーアドバイスを日本がしてあげることが重要で、そういう信頼関係が、実は外交実務家の間では非常に重要だと思うんですよね。

薮中　そう。僕は、日本はしたたかにやればいいと思うんですよ。例えばベトナムとかインドネシアに巡視船をあげるということは静かにやればいい。中国に嫌がられるようなことをやると同時に、中国とは解決可能な問題を議論し始める。敵対するだけでは能がない。相手が嫌がることでもやっていれば、「これはやめてくれ」と言われるかもしれないし、そこから始まるんです。

佐藤　それで取引ができますからね。外交において、一方の言うことを一方が１００％のむということはないわけですから、確かにそのとおりだと思います。

中国と東南アジア、二つの顔を使い分ける

薮中　南シナ海をめぐる動きを見ていると、フィリピンは外交政策がブレるんですね。アキノからドゥテルテに代わるとがらりと親中姿勢に変わった。その点ブレないのはベトナムですよ。インドネシアも頑張り始めて、中国が漁場の権利を主張する海域を「南シナ海」から「北ナトゥナ海」と新しい名前に変えましたから、相当、中国に警戒感を持ってるんですよ。

佐藤　やはり、ベトナムは中越戦争があったし、インドネシアだって、インドネシア共産党に対する支援を通じて、政権転覆の意識はありますし、フィリピンはモロ民族解放戦線への、中国の毛沢東派のグループに対する支援を通じて、中国による直接侵略もしくは間接侵略への恐怖というのは皮膚感覚としてまだ歴史の記憶を持っているわけですよね。だからそんな甘い話じゃないんだと。

藪中　だから、そういう中で日本がそうした国を、ある意味、側面援助することはいいんです。ところが国際的に真っ正面から「南シナ海は問題だ」とばかり言っていると反発を招くだけで、それほど効果はないんです。

佐藤　そうですよね。加えて「それがあなたにどういう具体的な関係があるんですか」と逆に聞かれたらどう答えるのか。なにしろ日本にはシーレーン（海上交通路）を越える一般的な利益は出てきません。一方、日本がガス田開発をきちんとやりたいとか、中国が一方的に大陸棚を引くのはおかしいじゃないかと主張するのは、これは日本の直接的な利害とかかわっているから国際社会も理解しますよね。

藪中　中国の海洋進出が問題だというのはそのとおりだけれども、そこに対応する日本も相当したたかな外交戦略を持った方がいいんですよ。そのためにはまず、東シナ海はがっちり押さえ、南シナ海については、いろいろな意味で中国にもっと平和的解決を働きかける。その一方で、側面的に周りの国を支援する。二つの顔を上手に使い分けるんです。

佐藤　そこで非常に重要なのは、主と従ですよね。周りの国の支援が主になって中国との対話が従になると、中国は、日本があおっているとしか見ないですよね。それで心を閉ざして日本にとってプラスにならない。

薮中　そう。だから周りの国に対しては静かにやればいいんですよ。巡視船をあげるにしても「余っていたからあげたんだ」とさらっと言ってね。さらっと言うのが大事なんですよ。そういうしたたかさを持ちながらやると案外うまくいくんですね。

「テロとの戦い」とＷｉｎ－Ｗｉｎゲーム

佐藤　僕だったら、そこにもう一つ、「イスラム国」の影響がこの海域に及んでいて、「テロとの戦い」を強化するためならば、あげましょうと言うかもしれません。

薮中　なるほど。理屈は大事です。

佐藤　テロとの戦いの強化という理屈があれば、中国との関係においても使えますよと。あくまでも大義名分というのは普遍的な価値観にもとづくことです。中国だって、海上におけるテロとの戦いを強化するために参加してるじゃないですかと。

薮中　海賊との戦いとかね。

佐藤　はい。日本の巡視船の耐用年数がきて更新するときに余るものもあるし、そういったもので協力してるんですよと。

藪中　普遍的なメッセージっていうのは、ものすごく大事なんですよ。わりと日本人が不得意なところで「まあ、そんな硬いこと言っても……」なんて思いがちですけど、メッセージは普遍性とか論理性とかがきわめて重要。

佐藤　もし建前のように聞こえても、「中国を牽制するためにやっている」というのは、閉ざされた扉の中でこそそっと言う話で、表立っては「海賊との戦い、テロとの戦いのために我々は国際貢献している」「これは共有するフィリピンにとってもWinであるし、地域にとってもWinだから、これはWin－Winゲームなんです」という話をして、決して勢力均衡論の立場に立っているんじゃないということを、白々しく言うのが重要です。

藪中　そうですね。今ので重要なのは、白々しく言うことです。これは結構大事でかつ、日本人が不得意なところですね。ちゃんと建前を言ってそれが自分の有利になるように言うわけです。南シナ海にしても、まずは「航行の自由をお互い守る」ということを第一原則にすれば、中国も「イエス」と言わざるを得ない。

彼らに「イエス」と言わざるを得ないような当たり前のことから始めて、具体論になればお互いぶつかることは出てくるけれど、「平和のためのイニシアティブ」で相手にのませるようなことを言う。そこから納得させる。ケンカだけじゃダメなんですよ。

中国にどこまで迫れるか？

メンツ丸つぶれの中国

薮中　２００４年の第３回目の６者協議のとき、面白いことがありましてね。中国と北朝鮮の関係が、白日の下に晒されたといっては大げさかもしれないけど、それに近いことが起きたんですよ。

最終日の土曜日に「共同発表」を出すべく作業をしていました。その発表の前夜になって北朝鮮が修正を要求してきた。アメリカも仕方なく夜中のうちに大統領まで文案を上げて、了承を取り付けたわけです。ところが土曜の朝になったら、また、北朝鮮がゴネだし、困った議長役の王毅さんが僕に、「ちょっとここだけ内容を変えたいとアメリカに言ってくれないか」というわけです。

その内容を今覚えていないのは、大したことのない変更要求だったからなのですが、仕方なく僕も一応アメリカに伝えたら、さすがに温厚なケリーさん（国務次官補）も怒り出し、「もう大統領が決裁したのだから絶対ダメだし、北朝鮮にそんな癖をつけさせたらいかん」と拒絶するわけです。なるほどと思って王毅さんにそう伝えると、別室で中国と北朝鮮だけが話し始めました。

佐藤　そうだったんですか。

薮中　記者会見が予定されていて、会場となった釣魚台にはマスコミが大勢集まっているわけですよ。しかし、どうしても北朝鮮は「うん」と言わない。ついに中国は大臣クラスの外交部長まで出て来て説得を始めたけど、北朝鮮は「うん」とは言わない。中国にとって格好悪いことといったらないですよ。マスコミが全部見ている前ですからね。アメリカはアメリカで、飛行機があるからと言って、さっさと帰るわけですよね。結局まとまらず、それで共同声明ではなく、議長声明ってことになったのです。

内容は同じなんですよ。そこでまざまざと見せつけられたのは、北朝鮮が中国に恥をかかせるのも平気で、全然言うことをきかない。中身は「こんなのどっちでもいいや」という内容だけれど、絶対「うん」と言わないという姿でした。

佐藤　本質的なところで頑張るならともかく、周辺的なことで頑張っちゃうと。

「中国の核心」習近平の腹の中

薮中　よく中国が北朝鮮に対してレバレッジ（テコ）を持っているとか、影響力があるとか言うじゃないですか。でも、もし僕があの立場だったら、普段お世話になっている中国に言われたら、最後は折れるのが普通だと思うはずなのに、北朝鮮は折れなかった。また、中国もあんな辱めを受けても我慢して、最後は議長声明でおさめた。しかも一部始終をマスコミに晒されているわけです。中国が北朝鮮を説得できない状況を目の当たりにして僕が思ったことは、確かに中国が僕らに言うように、影響力は限られているんだなということでした。

その理由は単純なことで、中国から見ると、北朝鮮が今の状態で存在することが中国の利益になっている。北朝鮮が崩壊し、朝鮮半島の統一を韓国が成し遂げたら、アメリカが国境まで来ることになり、それは絶対に困る。北朝鮮が存在していることがバッファー（緩衝地帯）になり、有益だということで、それを北朝鮮も知っているんですよ。しかし、そうはいってもも北朝鮮はさまざま中国に援助してもらっているわけでね。

佐藤　そもそも中国の人民解放軍が入ってこなければ、朝鮮戦争で負けてなくなっているわけですよね。

薮中　あの6者協議の共同声明の単純な文言ですらあれだけゴネた北朝鮮ですから、中国が北朝鮮に「核実験はするな」と説得するのは相当に難しいことは分かります。

佐藤　おそらく両国の罵り合いが展開されていることを考えると、これが準同盟関係のある国とは思えないですね。

薮中　思えない。そういう意味では中朝関係は理解不能なぐらいに不思議な関係です。食糧も石油も全部中国に頼っている。国連安保理決議のとき、いつも中国が北朝鮮を守ってくれる。であれば中国との関係から、ある程度メンツを立てなきゃいけないと思うはずなのが、まさにメンツを潰すことをやるわけでしょ。BRICSの首脳会談直前に核実験を堂々とやる。

かつては中国も「大人の対応」というか、「ヤンチャ坊主だから仕方ないんだ」という感じでやっていたけれど、今、習近平さんは相当怒っていると思います。「偉大なリーダー習近平」「中国の核心」が晴れの国際舞台で一生懸命やっているときに水を差すのですからね。

だからこそ、中国も２０１７年の夏には安保理決議の制裁に二度も応じたし、独自にいろいろな手を打っている。ですから、これから中国がどこまで本気で出るのか。

佐藤　そこが最大の問題です。

薮中　だからこそ僕はさきほどから言っているように、日本はそういう中国と腹を割って、「あなたの苦労もよく分かる」と言いつつ、「これからどうするか」、もっと働きかけた方がいいと思う。トランプも、習近平から北朝鮮との説得についていろいろ聞かされ、「いやあ、彼（習近平）は頑張ってくれている」とよく言う。日本は「中国はもっと圧力をかけるべきだ」とだけ言うのではなく、中国と真剣に向き合って話をする時期に来ています。

佐藤　要するに今の雰囲気だと、「日本」対「中朝」チームで当たっているような感じですよね。それを「日中」対「北朝鮮」の図式に変えることが重要だということですよね。そのとき具体的に何がカギになってきますかね。まずは外交の形でそのへんをやっていくのに、政治から一定の方向性の指示がないことには、踏み込めないですよね。

薮中　そこは難しいのですけど、向こうの軍や党を入れて話し合いができるかどうか。踏み込んだ議論のできる場があるのかどうか。そこでの報告が中国ではトップにストレートに上がりますからね。

佐藤　でも、そこに軍を入れるとなると、日本のカウンターパートでは防衛省を入れることになりますよね。政務に関する事項になると、ちょっと日本の防衛省は弱いですから。

薮中　都合のいいことに、向こうの軍が直接入っているシンクタンクがあるんですよ。そこを使うというやり方はあり得ると思いますよ。本当の制服組だけで行くとなかなか中国側とうまくいかないかもしれませんからね。かつての佐官級交流のようなものが続いていればよかったのですがね。

佐藤　その佐官級の交流から作れた人間関係や信頼関係があれば、将官級になってもつながると。逆にそれがないとなかなか難しいですね。

薮中　今はそれが途絶えてしまって、佐官級交流をやめてから10年以上になります。だから今は、カウンターパートが誰で、どの辺と話をすればきちんと上まで上がっていくのかといった情報がないので、工夫は必要でしょうね。そういう努力を積み重ねておかないといけない。放っておいたら米中だけで話すことになりますから、それは日本としては一番まずい展開ですよ。

ユニラテラル会合？　アメリカ一人ぼっち

佐藤　お話を伺っていて思ったんですけども、仮に6者協議が再開になったとしても、日本の立場というか存在感の低下が心配ですね。日本は協議結果の案文だけ見せられて、「これでいいね」となる危険性は十分ありますね。

薮中　その危険はあります。2003年の6者協議の際、アメリカは絶対に日本を含めた6者協議で行くと言ってくれていました。

佐藤　ところが、2003年4月には米中朝の3カ国で交渉したこともありましたね。

薮中　そう。中国は両方にウソをついたんですよ。北朝鮮には「米朝2国間でやらせてあげるから北京に来い」と言い、アメリカには「自分たちも入るから、これはバイ（2国間）じゃない」と。なんだか訳が分からない話ですけどね（笑）。

アメリカは僕には「これは6者協議の予備会合だ、本会合は絶対6者でやる。ただ予備会合として1回だけやる」と言ってきていました。ところが会議をしているはずの時間に、僕のところにケリー（アメリカ側代表）から電話がかかってきたんです。どうしたのかと聞いたら「今、ユニラテラル会合をしている」と。要するに誰もいないんだって(笑)。アメリカ一人ぼっちの会合。なぜかと言ったら、北朝鮮は米朝2国間協議ができるというから来たのに、中国が同席していて、米朝2国間ではないと言って席を立ってしまったようなのです。

しかし、今度もまた中国が仲介に立って米朝協議をという話がありうると見ています。そのときアメリカがどこまで日本を気にかけてくれるか……心配になってきます。

佐藤　気にさせるように割り込んでいかないといけないわけですよね。

薮中　そうです。外交っていうのはみんなが分かるような格好で意見を言わなければいけません。「あんなアホみたいなこと言って」なんて言われてもいいんですよ。むしろ言われれば言われるほどいいぐらいでね、みんなが気にすることはいいことなのです。

もっと格好いい言葉で言うと、「外交イニシアティブ」を取る。いざというときのために布石を打っておく。そうしておけば、日本を無視できないなという存在になれる。

アメリカとの関係はもちろん、中国といざというとき本音で話し合うためにも、今から中国との協議を持ち掛ける。それがどんなレベルかというのにはちょっと工夫が必要ですけど、早くやって欲しいですね。

佐藤　だからそこの、いわば二重底になっている構造を、どうやって政治がまずよく理解するか。すなわち、もしかしたら終着点というものが、我々が望む方向にはいかないかもしれない。

薮中　そうですよ。

佐藤　その終着点が日本の望む方向に行かないとしても、終着点において、どこまで日本の立場が反映できるかってことも考えないと。

薮中　そのとおり。だから、もしアメリカが「この段階にきて北朝鮮に完全な非核化をさせるのは無理だ」などということを言っても、日米では置かれた立場が違うのだから、日本は日本の意見を言う必要があり、協議の枠をこじ開けてでも入り込んでいかなくてはいけない。

佐藤　それと同時に、前にも薮中次官がおっしゃったように、日米が完全に一体だという表明についても気をつけないといけないわけですね。日米の立場は、同盟関係にあって基本的価値観を共有しているんだけども、置かれている地政学的状況が異なるということは少なくとも表現しなくちゃいけませんよね。

アメリカにとって日本とは何か？

アメリカは国内しか見えないのか？

藪中　日米ががっちり手を組んでいることは日本にとって財産であることは間違いないけれど、それが必要十分な状況かといったらそうじゃない。トランプ政権になってそれを最近すごく感じるんですね。

佐藤　アメリカにはなかなか日本の状況が見えないんでしょうね。こういう話を思い出しました。かつて外務省ラジオ室で海外の短波放送傍受に従事した池田徳眞《のりざね》という人がいました。徳川慶喜の孫で東大文学部を卒業後、オックスフォード大学に留学、旧約聖書を研究します。外務省に雇われ、シドニーで開戦を迎え、交換船で帰ってきた人なんです。英語が堪能ですから、最初はラジオ室で「ラヂオプレス」の研究をして「ショート・イブニングニュース」を作った。すると途中から、「日の丸アワー」というアメリカ向けの謀略放送を始めるんです。この人の書いた『プロパガンダ戦史』という本ではその結論として、アメリカとの関係で注意しなければいけないことは、アメリカにとって常に重要なのは国内世論である。国内さえ固めておけば、相手の国の論理など問題ない、そう考えていたのではないか。これが同じ英語圏でも、植民地支配の長いイギリスとは違うということを強調しているんです。そういう面がアメリカにはあるのかもしれないですね。

薮中　政治家はそうですし、特にトランプはそうですね。僕は最近びっくりしたんですけど、共和党の87％が軍事的な解決に賛成するという世論調査の結果が出たんです。トランプの場合、国内全体ではなくて、さらに狭い自分のサポーターしか見ないわけですから。ただ、ちょっと心配しすぎたのかなと思うのは、質問の仕方によって結果はずいぶん違ってくる。「軍事的解決を支持するかどうか」「必要なら軍事的解決もやむを得ないか」という聞き方で50％近くが支持、共和党の人が87％支持したんですが、「先制攻撃はOKか」と聞くと、70％近くが慎重論で、20％強が「やむを得ないかもしれない」という結果でした。全体的に見ると、先制攻撃については米国内でも相当慎重というデータがあるから、無知と行き違いから戦争が起きるという心配は多少薄らぐかもしれない。

もう一つ面白いデータがあることは既に見たとおり、トランプについては、37％の人しか信頼していないのに対し、72％の人が軍人を信頼している（第3章参照）。つまりアメリカ国民は今、軍人を見ている。そしてトランプ政権においてはマティス国防長官が信頼されている。

軍人はやはり戦争の怖さを一番知っています。戦争にならないためにはどういう解決策を見いだすのか。トランプがどんなに勇ましく「先制攻撃だ！」と言ってもマティス長官がそれを抑え込むことを国民は期待している。とは言ってもトランプの場合、「俺の支持者は大丈夫だ」と思ったらやるかもしれない、その怖さがあります。どっちに転んだところで日本は大変な影響を受けるわけです。

70年間の平和の重み

佐藤　非常に危ないですね。たとえば理論的な可能性として、日米が共同で北朝鮮を空爆することが仮にあるとします。すると北朝鮮にとっては、朝鮮戦争の記憶と、日本の植民地支配の記憶とではまったく違う。しかも韓国に与える影響だって無視できないですからね、仮にそうなった場合、韓国世論だって割れると思うんですよ。

日本が朝鮮半島に対して、軍事的に直接行動をとることになったら、日本にいる韓国人、朝鮮人たちがそれをどう受け止めるのか。そうしたことが、逆に北朝鮮への同情を高めることになるから、日本は手出しができない。

たとえば、湾岸戦争において、イラクにスカッドミサイルを撃ち込まれてもイスラエルは手出ししなかった。なぜならば、イスラエルがそこで参戦すればサダム・フセインを利するだけだと分かっていたからです。だからイスラエルは多国籍軍に参加しなかったわけで、別に卑怯だからじゃないんですよね。

空爆をはじめとする軍事行動によって米兵は死んでいるのに、日本人は命を差し出さないのかという議論が、アメリカの中から出てくる可能性は大いにありますよ。

薮中　そう。だからトランプから「一緒にくるんだな」と言われたとき、日本は歴史も違えば、日本とアメリカの置かれている地理的状況も違う。さらにもっと基本的なところで、日本には70年間にわたって平和と専守防衛的な考え方が根付いていますから、国民の反発、世論の反発は相当なものになるわけです。それをどう説明するのか。

もう一つ、韓国について今、60歳以下の人は、朝鮮戦争で北朝鮮から何をされたかということは知らない人たちが中心になっていますからね。韓国人からすると、北朝鮮についてはむしろ同胞意識が強くある。だから文在寅さんは北朝鮮との関係をなんとか良くしたいと思って大統領になったわけです。北朝鮮が核ミサイル実験を続けているときに選挙戦をやって、普通なら保守が有利になるわけですよ。

ところが文在寅さんの支持は四十数％でしたけど、一定してずっと変わらなかった。そして勝った。その支持者は今、北朝鮮が脅威なんだという意識があまりないですね。ですから、日韓で足並みそろえて一致できるだろうと思っても、必ずしもそうはならない。むしろ日本がアメリカと共同して戦闘に入っていくとなると、朝鮮半島全体にはまだまだ日本との歴史問題が生々しく残っていますから、それは日本にとっても到底できるものではないですね。

何が本当にヤバいのか——交渉のツボを見抜く力

佐藤　日本のようにしょっちゅう政局があってそのたびに総理や大臣が代わったり、政権が代わったり、いろいろなことが起きても、その所与の条件で進んでいくしかないわけですよね。価値観の違いとか安全保障問題の違いがあるのは当然で、そこも無理やりにでも理屈を作って説明する。僕がもし今、外交官だったら、日本における2017年10月の総選挙の結果をとらえて「北朝鮮問題については、原則的に核廃絶を強く主張する勢力が勝利した。であれば、そこに日本国民の民意が表れている」というふうに説明しますね。

薮中　まあ、ぬけぬけとね（笑）、言わなきゃいかんのですよ。

佐藤　それこそ外交官の仕事ですからね。でも、我々の時代と比べても、より内政に対する知識や内政に対する感覚って重要になりますね。

薮中　それはそうですね。僕は学生たちから「外交官にとって何が大事ですか」とよく聞かれるんですね。そのときには歴史や内政の理解も大事だ、そして何より、何がヤバいのか、相手の主張の何がポイントで、どういうふうに言うと一番相手にずばっとくるかを見抜く力、感性だと言っています。

佐藤　何が相手の琴線に触れるかですよね。それを一歩間違うと、渡辺美智雄さんが外相のとき、来日したエリツィンにゴルバチョフの話を出して、逆鱗に触れて大失敗したと。こんなふうにアプローチを間違えると大変なことにもなるわけですからね（笑）。

薮中　琴線と逆鱗は大違い（笑）。それは紙一重です。

トランプの対北朝鮮問題への本気度は？

トランプ大統領のアジア訪問、裏オモテ

薮中　２０１７年11月5日から始まったトランプ大統領のアジア訪問を前に、10月30日に立命館大学で北朝鮮問題のセミナーが開かれました。第1章の冒頭で紹介したワシントンでのセミナーに続いての企画ですが、６者協議の日米首席代表だったヒル大使と私に加え、今回は韓国から文正仁《ムンジョンイン》大統領特別補佐官が加わりました。この人は文大統領の側近中の側近です。

このセミナーで印象的だったのは、文補佐官やその他の韓国側出席者から北朝鮮との対話の必要性が強く訴えられたことでした。しかし、その一方で、北朝鮮の核保有は絶対に認められないというのが韓国側の一致した見解でした。文補佐官は三つの原則と言い、第

一に核は「ノー」、第二に北朝鮮への軍事行動も「ノー」、第三に北朝鮮の体制変革も「ノー」、この三原則で北朝鮮と話し合うべきだと主張していました。

これに対して、私からは、核廃棄に向けて北朝鮮を意味のある交渉に引き出すためにも、今は圧力をかけ続けるべきだ、1994年に米朝交渉に踏み切ったのはクリントン政権が先制攻撃をしかけてくるかもしれない、という恐怖心があったからだ。また、2003年にあれだけ嫌がった6者協議に参加を決めたのも、ブッシュ大統領のイラク攻撃を目の当たりにしたからだ、だから北朝鮮に核廃棄という大決断をさせるためにはそういう恐怖心を北朝鮮に与えることは必要なことだ、と言いました。その意味でトランプ大統領が激しい言葉を使うのも、あながち間違いではないのかもしれない（もちろん、無知と誤解にもとづくものはダメですが）。

しかし問題はトランプ政権で誰が中心になって北朝鮮政策の大きな戦略を作っているかです。ティラーソン長官率いる国務省はまったく機能していない。交渉となれば国務省の仕事ですが、交渉の中心となるべき東アジア担当次官補も空席のままです。

各省をまとめる国家安全保障会議事務局もスタッフが少なく、マクマスター補佐官も大統領の信任が厚いとは言えない。結局、マティス国防長官が一番の頼りと見る人は多いけれども、国防省は全体戦略を考える部署ではないし、ましてや交渉の担当ではない。

こう見ていくと、トランプさんが一人で北朝鮮戦略を考え、ツイートでその考えを発信する、といったことになり、ゾッとする――こう発言したときには、参加者から一様に「そうだね」といった反応がありました。

佐藤　そうでしょうね。

強いリーダーが好き――トランプ・習近平関係

藪中　そこで私は、トランプに影響力のある人物は二人いるかもしれない、安倍首相と習近平国家主席だとあえて言いました。韓国の人の前で、日本と中国の指導者だけの名前を挙げたので少し微妙な雰囲気となりましたが……。

安倍・トランプの関係は、まさに「オレ、オマエ」の関係であり、トランプさんも安倍さんの意見に耳を貸すだろうと言いました。トランプの懐に入り込むという安倍戦略は成功を収めてきましたが、そろそろその関係を問題解決のために活用する時期に入っていると思います。播《ま》いた種を刈り取る時期です。

G20全体会合に臨む中国の習近平国家主席（左）とトランプ米大統領
＝2017年７月７日、ドイツ・ハンブルク、代表撮影

とりわけ北朝鮮問題について、「日米が100%共にある」という立場から一歩前に進んで、日本の立場を主張し、圧力だけではなく、出口戦略をトランプさんに進言することが期待されます。もちろん、耳に痛いことを聞くとトランプさんは〝You are fired！〟と言うかもしれませんが、安倍・トランプ関係はそんな柔《やわ》なものではないと期待しています。

トランプ・習近平関係は日本で見ている以上に緊密です。

トランプさんは強いリーダーが好きで、共産党大会を終えた習近平国家主席に対し、「ものすごく強い立場になった」と賞賛しています。そして、中国訪問前には、「メラニアと自分は習近平国家主席とPeng Liyuan夫人にお目にかかることを楽しみにしている。歴史的な訪問になるだろう」とツイートしていました。僕は、習近平主席夫人（彭麗媛《ほうれいえん》氏）の名前をわざわざ書いているトランプさんに驚きましたし、米中間では率直な意見交換が行われるだろう、と発言しました。

トランプ大統領のアジア訪問の前にこうした期待を披瀝したのですが、結局、今回のトランプ・アジア訪問では、（「はじめに」で書いたとおり）大きな成果や政策の変更はありませんでしたね。

今後、この北朝鮮の核・ミサイル危機がどのように展開していくのか、一つのカギは時間的要素だと思います。時間の経過がどちらに有利に働くのか、どちらがしびれを切らすのか、です。さきのセミナーでも、じっくりと時間をかけて北朝鮮に働きかけるべきだという声が聞かれました。しかし、あまり時間はなく、時間の針は刻々と回っている。ミサイルの打ち上げが暫《しばら》くないからといって、開発作業が停止しているわけではなく、ICBM、しかもアメリカ本土へ届くミサイルの開発が成功すれば、一気に事態は緊迫します。その時間は1年以内に来るかもしれません。我々が直面している事態はそうした時間的にも緊急な事態だと認識すべきです。

佐藤　おっしゃるとおりです。状況を冷静に分析することが重要です。過度に悲観的になっても、根拠なく楽観的になってもいけない。しかし、ここで面倒なのは、繰り返しになりますが、金正恩だけでなく、トランプにも予測不能性があることです。売り言葉に買い言葉から米朝戦争が始まる可能性を全面否定することができない。日本としては、このような状況を踏まえて、米朝の緊張の軟着陸に向けた具体的行動を取るべきと思います。

薮中　さきのセミナーで、僕は「日本が6者協議の下、緊急5者外務大臣会合を提案すべきだ！」とあらためて提言しました。事態の緊急性を忘れていると、とんでもない事態、予期しない事態が起こり得る危険と直面していることを肝に銘じるべきです。

おわりに――歴史的大転換を読み解く力

佐藤　優

国際環境が急速に変容している。

日本では北朝鮮の核と弾道ミサイルの開発と米国でドナルド・トランプ大統領が出現し米国第一主義の外交を展開していることが、時代状況の変化の典型例と受け止められている。

しかし、世界的規模で見るならば、シリアへのロシアとイランの影響力拡大、サウジアラビア王家の内紛、チェコやオーストリアの議会選挙における極右勢力の台頭、英国のEU（欧州連合）からの離脱、英国からスコットランドが、スペインからカタルーニャが分離独立傾向を強めていることもあげられる。

それとともに私が注目しているのは、ヨーロッパの中東、ロシア離れが、内燃機関の終焉という形で表れていることだ。この関連で、2017年9月15日、フランスのパリでルノー・日産自動車連合のカルロス・ゴーン会長の行った記者会見は、政治的観点からも興味深い。

〈「自動車産業はこの先10年、過去50年よりも多くの変革を経験する」。ルノー・日産連合の統括会社で会長を務めるカルロス・ゴーン氏は15日にパリ市内で開いた記者会見で、アライアンス（企業連合）として初めての中期経営計画を策定した背景を説明した。自動運転技術や無公害社会の実現を目指す各国の政策によって「自動車産業を大転換させる革命が近づきつつある」と指摘した。／ガソリンエンジンなど内燃機関は参入障壁が高く、米日欧など限られた国の大手メーカーが部品を含む産業ピラミッドを形作り、富の蓄積を享受してきた。３万点の部品が電気自動車（ＥＶ）では４割減るとされ、繊細な技術が必要な機械部品は減る。「Ｔ型フォード」誕生から１１０年。内燃機関と大量生産モデルで成長したサプライチェーンが崩れ、新興メーカーの追い上げを許す〉（日本経済新聞電子版、２０１７年９月16日）

現在のガソリン車もしくはハイブリッド車から電気自動車（ＥＶ）への転換は、内燃機関という動力源の終焉を示すものだ。一種の産業革命が始まりつつある。ゴーン氏の会見の続きを見てみよう。

〈英仏が40年までにガソリン車の販売を禁止する方針を打ち出すなど世界のＥＶシフトは

とどまるところを知らない。ゴーン氏も15日、「カーメーカーに選択の余地はない。やらざるを得ない」と拳を振った。／中期経営計画では三菱自動車を加えた3社で20年までにEV専用の共通プラットホーム（車台）を用意するとした。開発効率を高め、3社で22年までに12車種のEVを発売する工程表も示した。／三菱自が強みをもつ家庭用電源で充電可能なプラグインハイブリッド車（PHV）もルノーや日産と技術を共有する。EVやPHVなど電動車の販売比率は22年に全体の3割に高まる見通しだ〉（前掲）

この記事だけを読んでいると、ガソリン車からEVへの転換は、技術革新の問題に見えるが、背景には国際政治がある。過激派「イスラム国」（IS）に代表されるように、中東はテロリズムの温床となっている。それでもヨーロッパが中東への依存を断ち切ることができないのは、エネルギー源を石油に依存しているからだ。

EVが普及するとヨーロッパの石油需要が飛躍的に減少する。その結果、中東産油国の国力は急速に衰退する。産油国の資金がISなどの過激派に流れる構造が崩れる。さらにヨーロッパのロシアの石油に対する依存度も減る。

ガソリン車からEVへの転換は、中東、ロシア、さらにシェールオイルにより産油国としての地位を強めつつある米国から、ヨーロッパが自立するという意味合いがある。ヨーロッパでは、新電力源の研究開発が進められることになるが、同時に原発への依存が高まると思う。

こういう歴史的大転換を読み解く類い稀《まれ》な能力を藪中三十二元外務事務次官は持っている。日本外交に通暁している人は、藪中氏の戦略的能力に畏敬の念を持っている。1990年代初頭、東西冷戦構造が崩壊する過程で、日本を「普通の国」に転換していこうとする国家戦略の外交面における骨格を描いたのが藪中氏だった。

ただし、藪中氏は、常に黒衣《くろこ》に徹するという吏道に忠実だ。個人プレイが好きな外務官僚が多い中で異例な存在だった。本書を通じても、激しい外交交渉を行った相手国である北朝鮮と中国に対して、藪中氏は常に相手の内在的論理をとらえる努力をしていたことが読み取れると思う。

外交官とは因業な稼業で、相手国からは「お前は過去の植民地主義の反省が不十分な帝国主義者だ」と詰《なじ》られ、国内からは「弱腰の売国奴だ」と非難される。誰からも理解されないような状況で苦しむのが外交官の吏道だ。藪中氏は外交官としてそのような生き方を貫いた人だ。

藪中氏は現在は教育者として、自らの経験を若い世代に伝える努力を怠らない。私はこういう薮中氏の生き方を心から尊敬している。

外務官僚のトップである外務事務次官を務めた薮中氏にとって、外務省時代に鈴木宗男事件に連座し、東京地方検察庁特別捜査部に逮捕、起訴されバッシングに遭った経験のある私と対談することには、大きなリスクがあったと思います。薮中氏の勇気と厚情に感謝します。本書の編集の労をとってくださった朝日新聞出版の中島美奈さん、どうもありがとうございます。

2017年11月19日、曙橋（東京都新宿区）の自宅にて

朝日新書
645

核《かく》と戦争《せんそう》のリスク

北朝鮮・アメリカ・日本・中国　動乱の世界情勢を読む

2017年12月30日 第1刷発行

著　者　藪中三十二
　　　　佐藤　優

発行者　友澤和子
カバーデザイン　アンスガー・フォルマー　田嶋佳子
印刷所　凸版印刷株式会社
発行所　朝日新聞出版
〒104-8011　東京都中央区築地 5-3-2
電話　03-5541-8832（編集）
　　　03-5540-7793（販売）

Published in Japan by Asahi Shimbun Publications Inc.
ISBN 978-4-02-273745-8
定価はカバーに表示してあります。

落丁・乱丁の場合は弊社業務部(電話03-5540-7800)へご連絡ください。
送料弊社負担にてお取り替えいたします。

朝日新書

児童虐待から考える
社会は家族に何を強いてきたか

杉山 春

年間10万件を突破し、児童虐待は増え続けている。困窮の中で孤立した家族が営む、救いのない生活。そこで失われていく幼い命を、なぜ私たちの社会は救うことができないのか？　家族規範の変容を追いながら、悲劇を防ぐ手だてを模索する。

南北朝
日本史上初の全国的大乱の幕開け

林屋辰三郎

裏切りあり、骨肉の争いありと、約半世紀にわたり繰り広げられた南北朝の争乱。かつてない大乱の全体像と、当時を生きた人物の息づかいまでもが、手に取るようにわかる。「南北朝」入門書の決定版であり、日本中世史の名著が奇跡の復刻。

核と戦争のリスク
北朝鮮・アメリカ・日本・中国 動乱の世界情勢を読む

薮中三十二
佐藤 優

北朝鮮の挑発に翻弄される国際社会。激化するトランプと金正恩の言葉の応酬から戦争に発展するリスクはないのか。日本と韓国の核武装化はあるのか。中国、ロシアなど各国の思惑が錯綜し、緊迫する国際情勢を外交のプロが徹底討論。

小沢一郎の権力論

小塚かおる

「驕る安倍政権は必ず転ぶ！」。自民党から2度政権を奪い、一方では国家権力と対峙せざるを得なかった小沢一郎が、田中角栄時代から知り尽くす権力の「魔性」をすべて語る。「日刊ゲンダイ」記者が「剛腕」の胸の内を聞き出した！

京都ぎらい 官能篇

井上章一

あの古都は、まだとんでもない知られざる歴史を秘めている。千年「みやこ」であり続けた秘密は「京おんな」。その力で権力者をからめとってきた朝廷の手法は今にも脈々と伝わる。女性を磨いて舞台装置とする京都。日本史の見方が一変する一冊！